ゼロベースランニング

走りの常識を変える!
フォームをリセットする!

高岡尚司

実業之日本社

はじめに

僕は、ランニングコーチとして、そして鍼灸《しんきゅう》マッサージ師として、多くのランナーや故障を抱えた方と向き合っています。そんな現場で気づくのが、ランナーが抱いている「走ること」の常識には、大きな誤解があるということです。

たとえば、アキレス腱の痛みを訴えて来院された方は、「アキレス腱が痛いから、アキレス腱を治療してほしい」とおっしゃいますが、これが大きな誤解のひとつです。

そもそも、なぜアキレス腱を痛めたのか？　その原因をハッキリさせる必要があるのです。その原因が実は「姿勢」にあることに、気づいているでしょうか？

◆──胴体を丸めたまま走っていませんか？

半年以上治療院に通い続けても、走るのをやめても、いざ走りだすと出てくるアキレス腱の痛みの原因が、姿勢にあるといわれても半信半疑でしょう。

アキレス腱の痛みにはアキレス腱を治療し、ヒザの痛みにはヒザを治療する。これがほとんどのランナーが受ける一般的なアプローチです。しかし、既存の治療で改善しましたか？　もし改善したのであれば、それはものすごくラッキーです。

多くのランナーは、患部のみの治療では改善せず、相変わらず痛みを我慢しながら走り続けているのです。


答えは簡単です。痛みが出るような走り方をしているから。

もっとも肝心な胴体を丸め、そして固めて走っていることが、アキレス腱の痛みの原因なのです。本書で「胴体」と呼ぶ体の幹《みき》の部分を再開発することで、患部を全く治療せずとも故障が改善するのは、特に驚くべきことではありません。

なぜなら、痛みが出る原因になっている姿勢を直すことがもっとも大切だからです。痛みが出る走り方から、痛みが出ない走り方に変わったのです。

◆──人間本来の自然な走りを知るために

僕は中学から大学まで陸上競技に励んでいました。しかし、故障が多く、肝心な時に走ることができない選手でした。

だからこの仕事を選んだのです。なぜランナーは故障するのか？　なぜ、故障を繰り返すのか？　現役の頃からずっと疑問を持っていました。鍼灸マッサージ師の資格を取ってからは、ランナーを診る機会が多くなりましたが、この疑問はますます深まるばかり。

そこで、故障をしない走りとはどういうものなのかを、自分の体で検証することにしたのです。そして、人間本来の自然な走りを知るために、まずはシューズを脱いで、裸足で走ってみることにしました。

しかし、ここで大きな壁に直面することになります。ふくらはぎの肉離れを起こしたのです。しかも、左右3往復も。治っては反対側が肉離れ、治ってはまた反対側が肉離れ。さすがに3回も繰り返した時は、ほとほと参りました。ただし、おかげであることに気づいたのです。

それは、胴体の動きを改善すること。これにより、肉離れとは無縁になりました。元々、僕は中距離を得意とするランナーだったので、胴体を固めて足首のキックで走る癖がついていたのでしょう。それを、ふくらはぎの肉離れという「ケガ＝先生」が教えてくれたのです。

それからというもの、ランナーの故障を治療する時は、患部にはほとんど触らず、その根本の原因となっている姿勢を改善することに注力していますし、それで効果を上げることができています。

◆──重力を有効活用する

僕たち人間は、二足歩行する動物です。**ですから、体には二足歩行をするための構造と機能が備わっています。**そして、僕たちが生きている地球には重力があります。地球に住むすべての人が同じように享受している重力を、すべての人が活用できているかといえば、そうではありません。

重力という恩恵があるにもかかわらず、あえて自分の筋力を優先的に使って、重力と真っ向から対立するような、いわば重力を敵に回しているランナーが多いのです。

たとえば、マラソンを走るのであればカカトから着地しないといけないと考えていませんか？　これは僕が現場でいつも遭遇する誤解のひとつです。**カカト着地は長年、正攻法とされ、常識のように錯覚されてきましたが、実はものすごくリスクをはらんだ、難しい着地だ**ということをご存知でしょうか？

また、**走るという前進運動は、つま先で地面を蹴ることが必要不可欠だという誤解も、ものすごく多いです。**心当たりがありませんか？

重力という自然の力をランニングに生かせないと、僕たちは必要以上に頑張らなければなりせん。使わなくてもいいエネルギーを使って、余計な疲労を抱えなければいけなくなるのです。

◆腕は大きく振ればいい？

走る時には脚だけでなく、腕も動くわけですが、ランナーは、ここでも大きな誤解をしています。**腕を大きく振った方が推進力が生まれるという間違った常識です。**

そんなランナーは決まって「レース後半に肩が凝る」と訴えます。肩をマッサージしてほぐせば一時的にスッキリはしますが、その肩が凝る原因は何も解決されていないので、治療院を出る頃には、すでに肩が凝り始めます。

一時的なスッキリ感だけがお望みであれば、それでもいいのですが、さすがにそれで納得される方はほとんどいないでしょう。できることなら、もう肩凝りとはお別れしたい。

そうであれば、あなたの常識を一度ゼロベースから見つめ直してみる必要があります。

◆──ケイデンスは脚だけで回転させるわけではない

ケイデンスとは「脚の回転数」のことです。一般的には180rpm（歩／分）くらいがちょうどいいといわれています。つまり、1分間に180歩、1秒間に3歩です。このケイデンスは脚だけで回転させると思っていませんか？

脚だけを回転させると歩幅が狭く、チョコチョコ走るような感じになってしまいます。

ここでは、**「脚」という概念をもう一度ゼロベースから考え直す必要があります。**常識でいう「脚」は恐らく、股関節からつま先の末端のことではないでしょうか？確かにその認識は、解剖学上は正解ですが、人間が走るという行為の中で考えれば、解剖学上の理解よりも、もっと広い範囲を「脚」ということができます。脚は「動かす」のではありません。脚は「動く」のです。実は、脚はメッセンジャーとしての役割を担っているのです。

◆──レース後半に脚が攣《つ》ってしまう原因

どんなにしっかり給水しても、どんなに攣り防止のサプリメントを補給しても、レース後半に脚が攣ってしまう原因は、いったいどこにあるのでしょうか？

それはいたってシンプル。ようは、筋肉を無駄使いしていたのです。筋肉の収縮や弛緩《しかん》は神経がコントロールしていますが、筋肉を必要以上に使いすぎてしまうことで、収縮と弛緩をコントロールしているセンサーが誤作動を起こし、神経のコントロールに不具合が生じるようになります。これが筋痙攣です。

◆――ゼロベースでランニングを再考する

ランニングの知識は、今や雑誌やインターネット上に溢れているので、いろいろな知識を身につけることができます。しかし、こう思ったことはないでしょうか？

「情報が多すぎて、何が正しいのかわからない」

これらの情報を、あなたはどうやってふるいにかけますか？　物事には必ず二面性があります。ある情報は、あなたには正しいかもしれませんが、ほかの方には正しくないかもしれません。だから様々な情報が氾濫するわけですが、全員に共通することがあることを忘れてはいけません。

それは、みんな人間であるということ。この事実こそが、氾濫する情報をふるいにかける方法です。

僕は本書で、**ランニングを一度ゼロベースで再考していただくきっかけをつくりたいと考えました。**ゼロベース、つまりあなたの「素＝自然」のランニングとはどういうものなのか。

これからランニングを始める方も、フルマラソンで2時間30分を切るような方も、みんな同じ人間です。だとすれば、基礎の築き方や磨き方は誰にでも共通しています。それが、本書で提唱したい「ゼロベースランニング」のメソッドです。

せっかく走るなら、気持ちよく、スピードに乗って、笑顔でゴールする。こうありたいですよね？　本書は、便利になってしまった現代を生きる僕たちが忘れてしまいがちな、人間が本来持つ機能や動きに再度気づいていただくための指南書です。

人間として「素＝自然」なランニングを身につけるきっかけになり、そして最高のパフォーマンスを発揮する足がかりになれば、こんなにうれしいことはありません。

高岡尚司

ゼロベースランニング◉目次

第一章
常識の中に潜む危険
ゼロベースランニングはここが違う

第二章

走りをゼロから再考する

ゼロベースランニングとは

第三章

ランニングフォームを自己診断

ゼロベース度チェック

第四章
人間本来の走りを実現する
ゼロベーストレーニング

第五章

ゼロベースランニングの極意

ゼロベースランニングTIPS

第六章 ケガのないランニング人生へ ゼロベースでケガを考える

装　幀　盛川 和洋
編集協力　高橋 達夫
イラスト　丸口 洋平
編　集　神野 哲也

第一章

常識の中に潜む危険

ゼロベースランニングはここが違う

筋力に頼りすぎている

◉量をこなすのではなく、質を高めよ

日本人は、努力が大好きです。

もちろん、努力を否定するつもりはありませんが、もし自分で「ものすごく努力している」と思っているのであれば、あなたにとって過剰なストレスとなっていることでしょう。

本来、努力とは、本人ではなく他人が評価するものです。ですから「すごく努力家だね」といわれても、当の本人はピンとこないはず。なぜなら、本人は「努力している」と感じていないはずだからです。

しかし、日本人はとにかく、努力が大好きです。だからこそ、見落としてしまうことがあります。

ランニングの成果=ランニングの質×ランニングの量

とてもシンプルな公式ですが、軽視されています。努力が好きな日本人は、ランニングの質を無視して、とにかく量を求めたがります。

それはなぜか？　量を求める方が、安心できるからです。

質を高めるのは、手間がかかるし、面倒です。自分の筋力（内力《ないりょく》）に頼りすぎず、重力（外力《がいりょく》）を上手に活用するには、コツがいります。

では、筋力に頼らないとは、どういうことでしょう？　普段から筋力に頼って走っている人ほど、

「筋力を使わないで走れるはずがないでしょ？」

と反論するかもしれません。

もちろん、筋力を全く使わないで走ることは不可能です。しかし、ここで論点にしているのは「自分の筋力に頼りきっていないか？」ということです。

たとえば、カカトを上げてつま先立ちをしてみてください（図1－1）。

この場合、下腿三頭筋《かたいさんとうきん》（ふくらはぎ）が短縮性の収縮（筋肉が縮みながら収縮）を

しています。しかしこの状態で、体は前に進んでいるでしょうか？　その場で体が持ち上がるだけで、前には進んでいないはずです。

では、直立したままカカトを上げずに、体を前に倒してみましょう。その時、スネが前に倒れ、足関節が背屈《はいくつ》する（図1－2）はずです。

これが、重力（外力）と筋力（内力）の融合です。

また、まっすぐ立ったままカカトを上げたら体は上に持ち上がる（前進に対するブレーキになる）だけでした。では、足を胴体の真下ではなく、胴体の後方に位置した状態（図1－3）で同じ動きをしたらどうでしょう？

足の位置が胴体より後方になればなるほど、体は持ち上がるのではなく、前進する力になるはずです。

ランニングの専門書ではよく「地面を蹴ってはいけない」と書かれています。もちろん、それは間違ってはいません。

離地《りち》のポイント（＝足の位置）が胴体の真下に近ければブレーキの要素が大きくなるし、反対に胴体よりも後ろにできれば、アクセルの要素が大きくなるわけです。

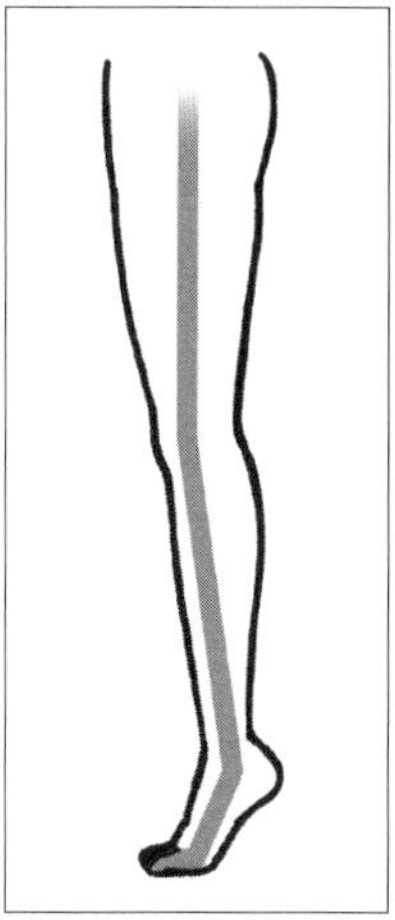

図1-1

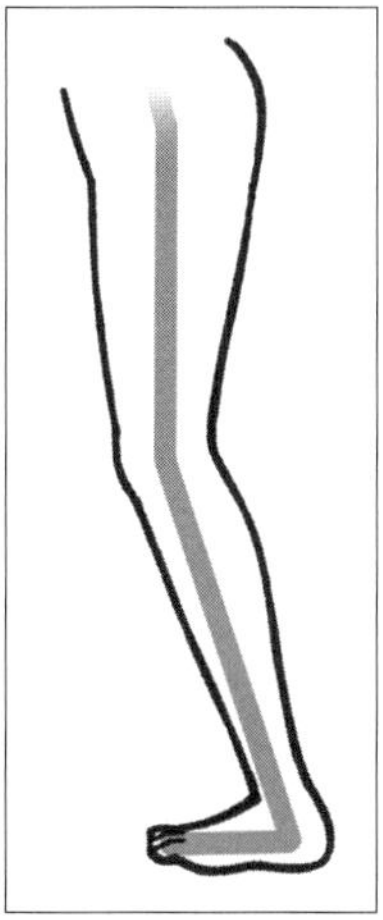

図1-2

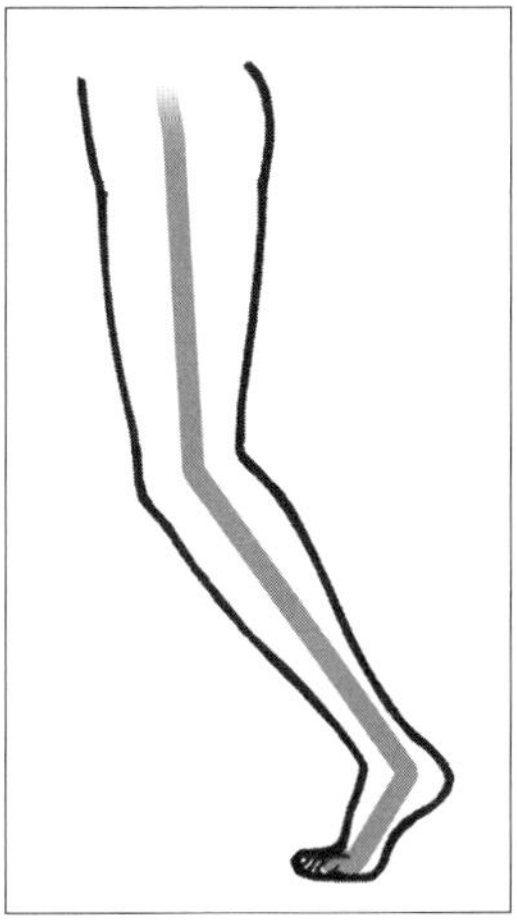

図1-3

しかし、多くのランナーの胴体はかなり固まっていて、離地のポイントが胴体の真下に近いところにあり、ブレーキの要素が大きくなります。それは無駄にエネルギーを浪費してしまうことにつながります。

ゼロベースランニングで第一に取り組むのが、重力を上手に活用するための胴体の動きつくりです。

あなたのランニングのどこに無駄があるのか？　それを明らかにして、改善してから、ランニングの量を増やした方が、効率的に成果を手にすることができます。

固まった胴体がもたらす弊害

◉脚力に頼った走りになる

ランニングの専門書では、必ずといってもいいほど「体幹トレーニング」という言葉が出てきます。体幹はさておき、この「トレーニング」という言葉の意味を、考えたことがありますか？

トレーニングという言葉は、ほとんどの場合、足りない要素を「つけ加える」イメージで使われているはずです。しかし、この「体幹トレーニング」で、体幹を固めてはいないでしょうか？

ここでいう「体幹」とゼロベースランニングでいう「胴体」とは、解剖学的にはほとんど同じだと考えていただいて結構ですが、ゼロベースランニングでは胴体をトレーニングすることはありません。

胴体の筋力をつけ加えるよりも、胴体の動きを洗練させれば、その結果、必要な筋力は自然とついてくるものです。

胴体を動かすことで走りの動力源が生まれ、その力を四肢《しし》に伝えます。胴体が固まれば四肢は勝手な動きになり、動きに滞りが生まれるわけです。

体幹トレーニングで体幹の筋力をつけて、パフォーマンスを上げているランナーもいるでしょう。それはそれでいいのです。そのランナーはもしかしたら、筋力をつけても胴体は固まっていないのかもしれません。

ただし、僕の治療院にケガを抱えていらっしゃるランナーのほとんどは、胴体がガチガチで脚の筋力に頼りきって走っています。

「脚」だけではなく「体幹」にもランナーの意識が向いている傾向は素晴らしいと思いますが、体幹を固めてしまって、結局脚の筋力に頼りきった走りになっています。

ただし、これは専門書の責任というよりは、情報を消化するランナー自身の問題なのです。

母趾球《ぼしきゅう》で踏み込まない

◉オーバープロネーションを引き起こす原因

オーバープロネーションという言葉を聞いたことがある方も多いと思います。

これは「過回内《かかいない》」といって、足関節～足部の異常な関節運動のことです（図1－4）。この問題を解消するための方法として一般的に挙げられるのが、「筋力トレーニング」「テーピング」「インソール」です。

しかし、今挙げた方法のどれも、根本的な問題解決にはなりません。

そもそも、筋力低下がオーバープロネーションを引き起こしているわけではありません。オーバープロネーションを引き起こすような動きになっているから、関連する筋力が低下しているのです。

筋力によってプロネーションをコントロールするのは困難です。それは、重力を人為的に操作するのと同じようなもの。重力とうまく付き合うためには、重力に寄り添わなければいけません。

つまり、重力を活用するための体の使い方ができているかどうか？　ということです。

テーピングやインソールを使う前に、あなたの体でやるべきことがあります。うまく実現できれば、何も必要なくなるでしょう。

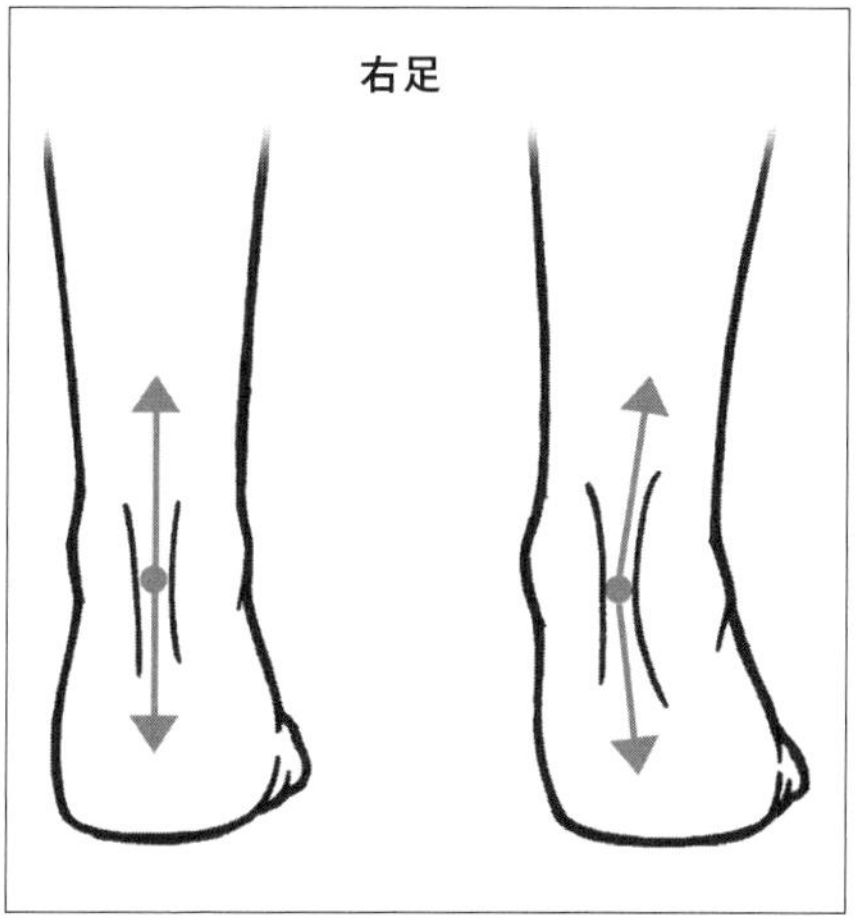

図 1-4　右がオーバープロネーション

以前、インターネットの記事で「子どもの頃からインソールを使わなければいけない」という情報を目にした時、メーカーは節操《せっそう》がなくなっていると感じました。

インソールやテーピングがなければ、オーバープロネーションは防げないのでしょうか？　もちろんそんなことはありません。

オーバープロネーションは、母趾球に荷重するタイミングが早すぎるのが原因です。胴体の真下に近いところで母趾球に重心を載せすぎると、過剰なプロネーションを引き起こすきっかけになります。

そもそも、**母趾球で踏み込む必要などありません。胴体の動きの結果として、胴体の真下よりかなり後方で、離地の直前に自《おの》ずと母趾球に荷重されます。**

この動きは、意識して行なうものではありません。意識するのはせいぜい胴体の動きくらい。母趾球での踏み込みを意識すると、必ず動きに滞りが生まれます。

ゼロベースランニングでは、胴体の動きから、適切なタイミングで母趾球に荷重されるように誘導します。しかも、意識せずに。それによって、テーピングやインソールは必要なくなります。

ランニングに特別なインソールやテーピングは必要ないのです。

接地時間は短ければいいわけではない

◉日本人の長い胴体を武器にする

ランニング中に足が地面についている時、あなたは何をしていますか？　自分の体重を支えるために一生懸命踏ん張っていますか？　それともスピードを落とさないように地面を蹴っていますか？

走っている最中、足は地面についているか、または離れているかのどちらかです。このうち、地面についている時間のことを接地時間といいます。そして、この接地時間は一般的には短い方がよいといわれています。

しかし、こういう研究報告もあります。

「ケニア人と日本人のトップランナーの走り方を比較したところ、接地時間に関しては、ケニア人の方が日本人よりも長かった」というものです。日本人よりもマラソンのタイムが速いケニア人が、なぜいつまでも足を持ち上げないのでしょうか？

ここでぜひ「接地時間」に関して再考してください。

接地時間はさらに「ブレーキ域接地時間」と「アクセル域接地時間」のふたつに分類することができます。

「ブレーキ域接地時間」とは、足が重心の真下から前方で路面に接地している時間。「アクセル域接地時間」とは、足が重心の真下から後方で路面に接地している時間のことです。

「ブレーキ域接地時間」が長ければ、もちろんブレーキングの要素が大きくなるので、ランニング中のロスが大きくなります。

「アクセル域接地時間」が長いと、重心が前方にある時間が長くなるので、アクセルの要素が大きくなります。

つまり、「アクセル域接地時間」が長いということは、離地のポイントが後方に移動することなのです。

ケニア人のトップアスリートの接地時間が長いというデータに関しては、ブレーキ域接地時間の長さではなく、アクセル域接地時間が長いのではないかと推測できます。その根拠は、彼らの胴体の使い方にあります。

日本人は基本的に、アフリカ・欧米人に比べて脚が短いです。これはどうしようもない身体的特徴です。

脚が短くて胴体が長い日本人が胴体を固めてしまえば、脚の長い彼らと離地のポイントを比較した時、絶望的な差がついてしまいます。つまり、「アクセル域接地時間」を長くすることは難しくなってしまうのです。

そうなると、日本人がやるべきことはただひとつ。そうです、長い胴体を生かすことです。

ゼロベースランニングでは、胴体と脚を、**解剖学上の区別なく連動させ、日本人の長い胴体を武器にするのです。**

腕は「振る」のではなく「振られる」

◉腕が主役になれば胴体は固まる

僕は高校時代によく「腕振り」の練習をさせられました。きっと今でも腕だけを振る練習を行なっているランナーが多くいるはずです。

しかし、**静止している状態では「前進動作につながる腕振り」は身につきにくいのです。なぜなら、腕の動きは胴体を介して脚の動きと連動するからです。**胴体の動きが先行し、体のバランスが崩れ、それに連動しながら腕と脚が動き出すわけです。

人間の体は中心部に大きな筋肉があり、末端に行くほど筋肉は小さくなります。これらの筋肉を効率的に使うには、大きな筋肉にたくさん仕事をさせて、小さな筋肉に繊細な仕事をさせることです。体の中心にある胴体が走るための推進力をつくり出し、腕や手はバランスをとることを主な役割とした方が効率的だということです。

このように、役割分担をしっかりとすることで、ダイナミックさや軽快さ、繊細さを兼ね備えた動きを実現することができるのです。

静止している状態での腕振りは、ほとんどの場合「腕だけを振っている」にすぎません。しかも、一生懸命腕を振ろうとすればするほど、どんどん肩に力が入っていきます。さらに悪いことに、腕だけを振ろうとすればするほど、胴体の動きは失われていきます。

腕振りだけを練習するのは、ほとんど無駄なエネルギー消費です。ダイエットしたいなら、それでもいいでしょう。

しかし、ここで問題にしているのは、腕の動きがいかに前進動作につながるか？

しかも、効率的に、ということのはずです。

腕は「振る」のではなく「振られる」のです。腕が主役になればなるほど、胴体は固まります。

フルマラソンを走ったあと、または力が入りやすいスピード練習後などに、肩が凝るという方は、腕振りの練習方法を見直し、胴体の動きと腕のつながりを考え直す必要があるのです。

第二章

走りをゼロから再考する

ゼロベースランニングとは

ゼロベースランニングとは

◉速く、長く、ケガをせずに走り続ける

●なぜ、ヒザが痛くなるのか？
●なぜ、アキレス腱は痛くなるのか？
●なぜ、足底《そくてい》は痛くなるのか？

痛みが出ること自体は、自然なことです。なぜなら、あなたが痛みが出るような走り方をしているから。なるべくしてなっているのです。

しかし、それを痛み止めでごまかしたり、インソールやテーピングでその場しのぎの対処をしようとする……。これがいかに不自然なことなのか、気づいていますか？

痛みは、体からの重要なサイン。

「走り方がマズいよ！」と、体が教えてくれているのです。走りが変われば、自ずと痛みは消えていきます。

そのためには、何を変えればいいのかを知る必要があるわけですが、そもそも「ランニング」とは何なのか？　ということをハッキリしておかなければなりません。

ランニングとは、「重力による垂直方向への落下の力を、滞りなく進行方向への推進力に変換する運動」のこと。

重力と、人間に与えられた体の構造と機能を調和させることです。

この概念は「ナチュラルランニング」と呼ばれています。

そして、僕が提唱している**「ゼロベースランニング」は、このナチュラルランニングの概念をベースにしたメソッドです。**

「速く、そして長く走り続ける。しかもケガをしないで」

「自己新記録を更新したい」「長い距離を走れるようになりたい」

ランナーの目標は、人それぞれでしょう。その目標を達成するためにも「ケガをしない」ことが重要なのです。

最小限の筋力で立つ

◉ニュートラルな基本姿勢

重力に対してもっとも効率よく立つための基本姿勢は、無駄な力を極力使わないことが大切です。たとえば、積み木をイメージしてください。綺麗に並べていけば安定して高く積み上げることができます。ところが、左右にずらして積むと不安定になり、「何か」で支えてあげなければ安定しません。

積み木とは人間の骨であり、支える「何か」とは筋肉です。

つまり、体のどこかがバランスを崩していたら、あなたは無意識のうちに筋力を使ってバランスを取っているのです。これが蓄積すると疲労になります。

バランスが悪い立ち方をしていると、それだけで疲れが溜《た》まってしまうのです。

最小限の筋力で立つためには、横から見ると耳・肩・大転子《だいてんし》（太もも外側上部の骨）・ヒザ（お皿の後ろ）・くるぶしが一直線上に並んだ状態になります。

（右）耳・肩・大転子が一直線上に並んでいる
（左）頭が前に出た悪い立ち方

前から見ると、鼻・ヘソのラインがそろって、両肩・両腰が水平の状態が基本となります。もちろん、個性もありますから、厳密に合わせる必要はありませんが、目安としてとらえてください。

特に**チェックしてほしいのは、正面から見た時に、両肩が吊り上がってはいないかどうか。**肩が吊り上がるということは、肩の筋肉が緊張しているということです。

また、体を横から見た時に、胴体の上に頭がのっているでしょうか？　多くの方は、頭の位置が胴体よりも前に出ています。

頭には体重の１割程度の重量があります。体重が60kgであれば、６kgの重さが胴体の真上にある場合と、胴体よりも１cm前に出た場合では、首や肩にかかる負担に大きな差が出ます。しかも、ほとんどの場合、１cmではすみません。

生まれながらの骨格で肩が吊り上がっている方もいるかもしれませんが、それはごく稀なケースです。ほとんどの方は、肩と頭の「あるべき位置」がわからなくなっているだけです。不良姿勢が癖になっているのです。

ほとんどの方の肩はもっと下がるし、頭の位置は後ろに戻ります。

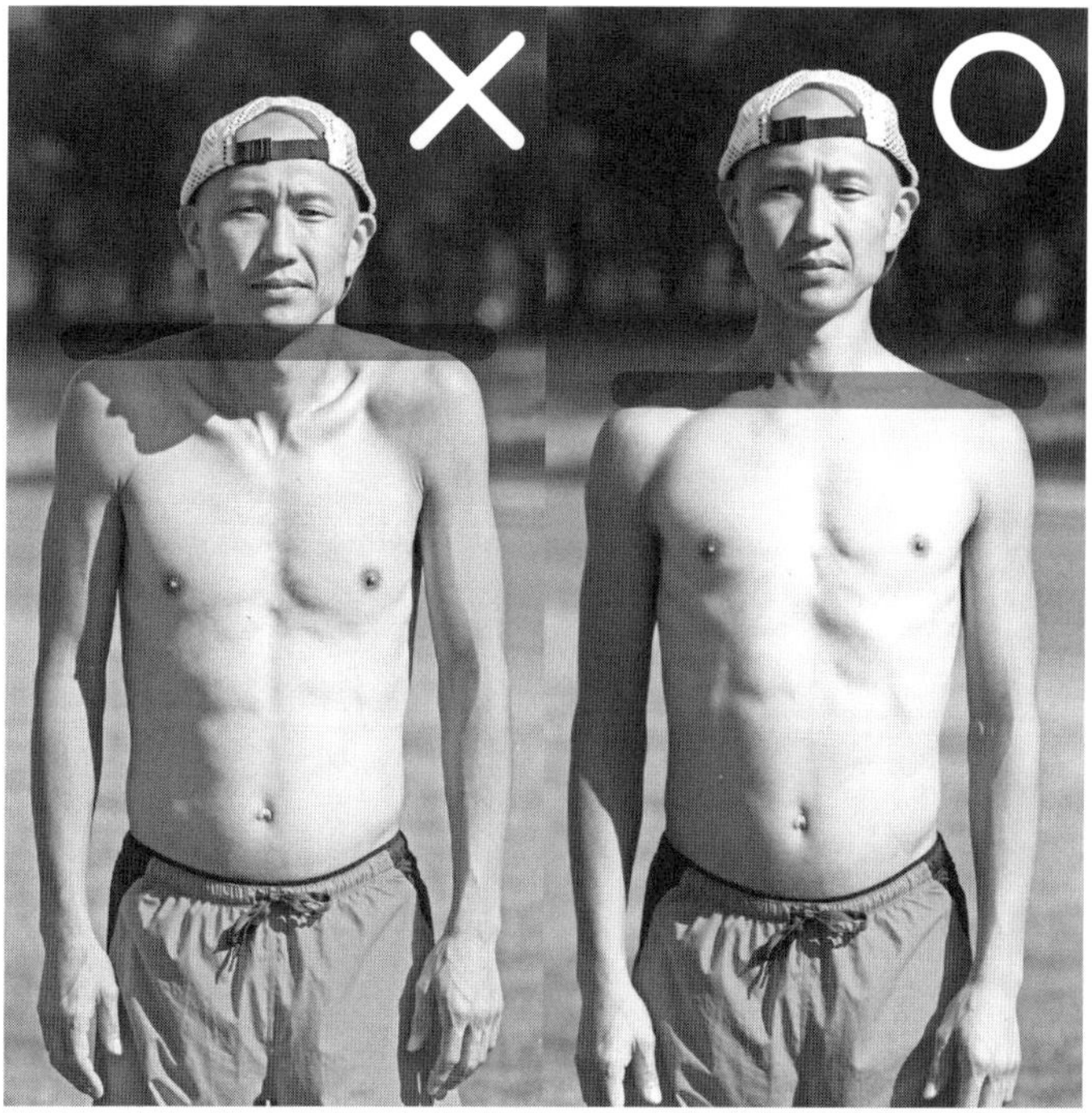

(右) 肩の力が抜けると肩は綺麗に下がり、首が長く見える
(左) 特に無駄な力が入りやすいのが肩。一度力を抜いても、
またすぐに力が入ってしまうので注意が必要

胴体の動きは四肢の動きに先行する

◉重力による落下の力を推進力に変換する

いかにして「重力」と「体の構造と機能」を調和させればいいのでしょうか？　まずは胴体の動きから説明していきます。

ゼロベースランニングにおける胴体とは、解剖学でいうところの**胸骨《きょうこつ》・肋骨《ろっこつ》・鎖《さ》骨《こつ》・脊柱《せきちゅう》・腹腰周り・骨盤《こつばん》・肩甲骨《けんこうこつ》が含まれます。**ちなみにここで、わざわざ「解剖学」と前置きするのには、重要な理由があります。

それは、「解剖学的に人間の体をセグメント（区分け）することには弊害があるから」です。

「走る時に体の『どこ』を使って走っていますか？」と、質問されたら、ほとんどのランナーは「『脚（足）』で走る」と答えるでしょう。

おそらく、一般ランナーの体の意識は、9割近くを脚（足）が占めているでしょう。

これこそが、ケガとパフォーマンス低下の原因です。なぜならランニングとは、脚だけで行なう運動ではないからです。胴体を含めた体と重力との関係がもたらしてくれるものなのです。

ゼロベースランニングでは、胴体が綺麗なアーチを描き、その胴体の上下・前後・左右の動きが、脚を経由して地面に伝わることで推進力になる走り方をレッスンしていきます。

前進するためには、安定した状態から脱却し、不安定な状態になる必要があります。まず、安定した直立姿勢から動き出すための第一歩は、自分の力を使う必要はありません。重力を使えばいいのです。

ゼロベースランニングでは「重心を崩す」と表現しますが、重力によって地面に向かって落下する力を進行方向への推進力に変換するわけです。その**「重心を移動してバランスを崩す」**ことの**連続が走りにつながる**のです。

その時に重要になってくるのが、胴体のアーチです。

たとえば、竹馬を思い浮かべてください。竹馬には筋肉も腱《けん》も関節もありません。

でも、歩くことも、走ることもできます。これが、重力を使っている証拠です。竹馬では常に体のバランスを崩し続けて、移動する原動力を得ているのです。

さて、人間の体に戻ると、胸を前に出すと胴体はアーチを描きます。そうすると地面についている足は自然と重心より後方に位置し、立っていられなくなるはずです。つまり胴体が脚より先行することで重心位置が前にズレる。このズレこそが、重力を使って走るためのコツなのです。

脚は胴体の動きを地面に伝えるメッセンジャーであって、ランニングの主役ではありません。脚（足）で蹴らなくても、否、蹴らない方が速く楽に走ることができるのはそのためです。

もちろん、これは脚に限ったことではありません。腕の動きも胴体の動きの延長線上にあります。力ずくで腕だけ振れば、胴体との連動はなくなり、腕と脚の動きが効果的にリンクしなくなります。胴体の動きは、四肢の動きに先行するのです。

上体を前に傾けると共に胸を前に出すと、重心が前に移り、バランスが崩れる。すると、転ばないように自然に脚が前に出る。この崩したバランスを維持し続ければ楽に走り続けることができる

脚は自然についてくる

◉股関節の屈曲・内転・外旋

台形の動きで短くなった側の脚は自然に上がってきます。

このあと、ヒザ下を前に振り出し、つま先を上げてカカトから着地する動きは不要です。

着地は体の真下よりも後ろ。足首の角度が鋭角（90度より小さく）になるようにして、フォアフット（前足部）やミドルフット（中足部）での着地となります。

この局面での脚の正常な動きは、股関節の屈曲・内転・外旋となります。

股関節の屈曲は簡単にいうと、もも上げした状態です。ニュートラルな状態ではつま先は少し外側を向いているので、股関節を屈曲させると、がに股気味にヒザが上がることになります。

内転とは内側に倒れた状態。つまり太ももが逆の足にクロスするように動くか、反

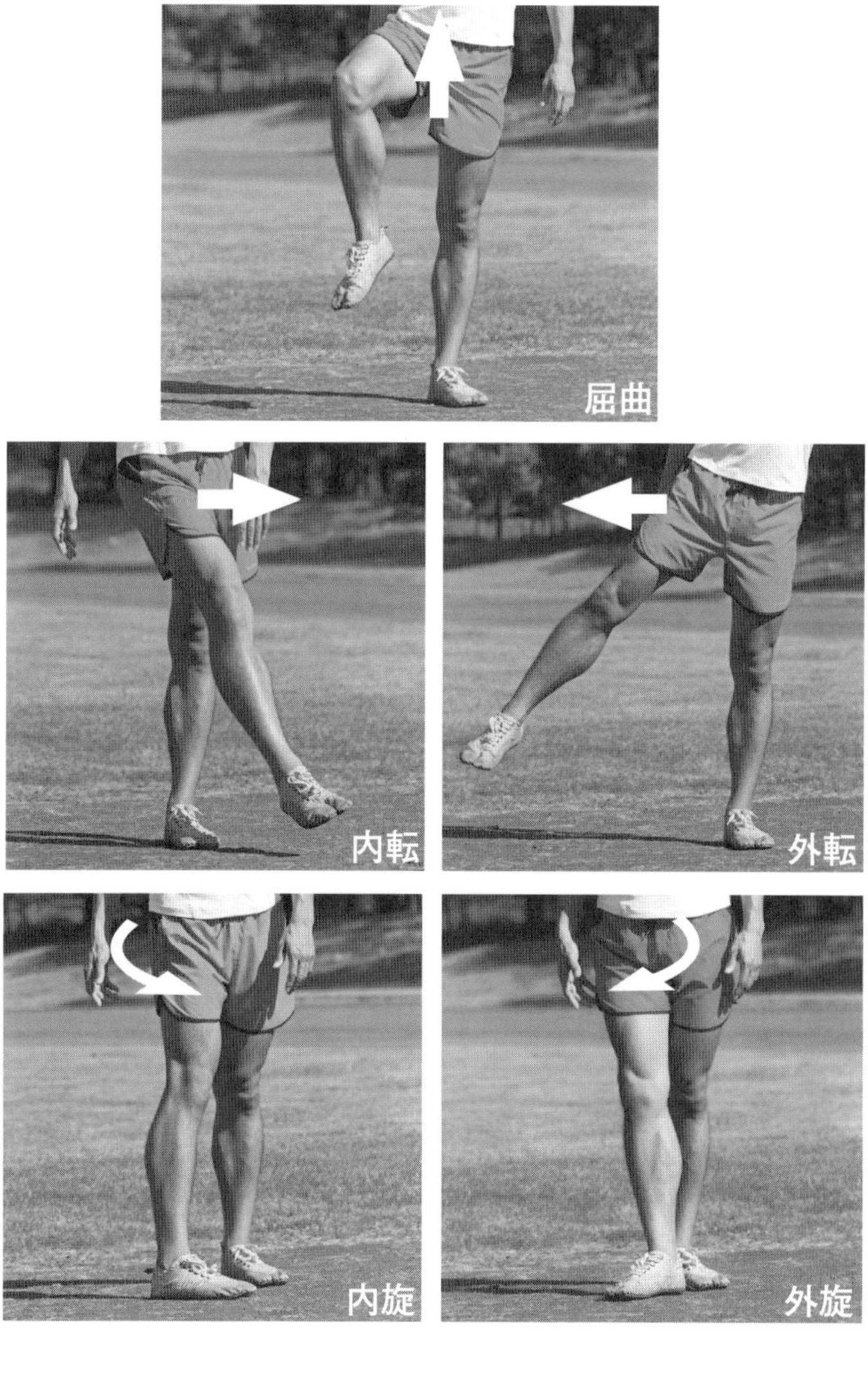
屈曲
内転
外転
内旋
外旋

対側の股関節が高い位置にくるかのふたつのパターンがあります。実際のランニングの局面ではこれらは複合的に動いていきます。

外旋は太ももが外側にひねられる状態。これも脚をひねる場合と、反対側の股関節が前に出たために結果的にひねられた状態になる、ふたつのパターンがあります。こちらも、ふたつの動きが混ざって行なわれます。

ランニングでは足の外側から着地して内側へ荷重位置が移動するといわれますが、これは、この股関節の「屈曲・内転・外旋」から「伸展・外転・内旋」によってもたらされる結果です。

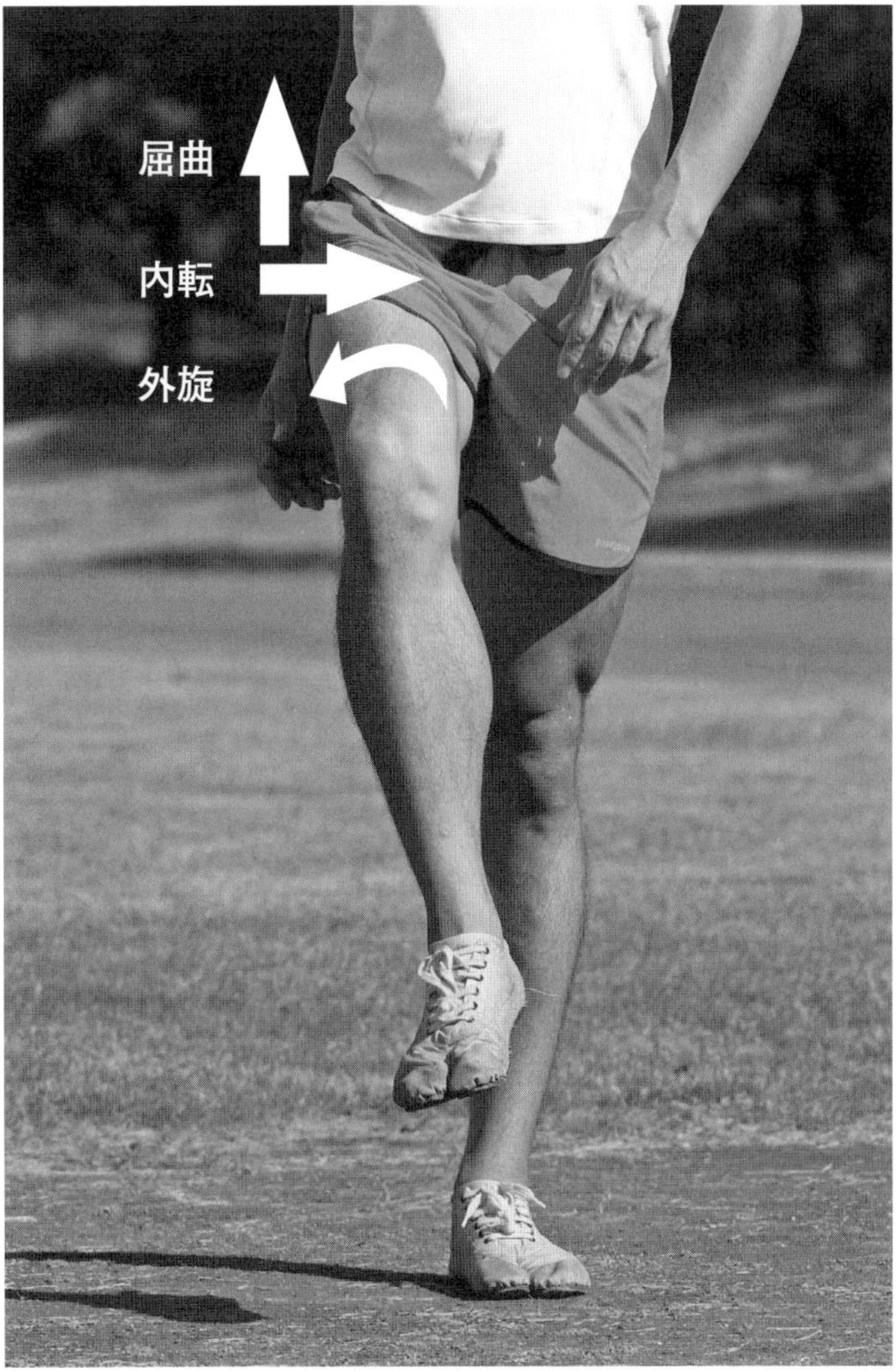
屈曲
内転
外旋

推進力を生み出す胸の使い方

◉バランスの崩し方

走るためには、静止した安定ポジションからバランスを崩していく必要があります。**バランスを崩すためには**前傾姿勢が必要になる、と考える方が多いと思いますが、その前にやることがあります。それは、**胴体を動かすこと。**

胸を前に引っ張られるように出していくと、バランスは崩れ、体が動き出します。すると、転ばないように脚がついてくるわけです。右胸と左胸が交互に引っ張られるようにイメージしてみてください。

注意すべき点は、腰が置いていかれないようにすること。腰が引けて折れ曲がってしまうとバランスが崩れません。胸を先行させ、その次に腰が前に出ると、胴体は綺麗なアーチを描くことができます。

そうすると、ストライドを伸ばそうとしなくても、自然と離地のポイントは後方に

移動し、重力をうまく使って走ることができるようになります。

そのうえで、体を少し前に倒せば離地のポイントは後方に移動するので、驚くほど楽に走ることができます。

体を前に倒すことを意識するのではなく、胸から前に引っ張られた結果、体が前に倒れるわけです。

背中を丸く固めていると頭が前に出るので、これを「前傾姿勢」と勘違いしている方が多いのですが、これでは首や肩に負担がかかり、呼吸が浅くなるだけです。

また、背中が丸く固まっていると着地のポイントが前方に移動しやすくなります。そうなるとスムーズな重心移動ができなくなるのです。

（上）体の傾きのみでバランスを崩した場合
（下）胸を前に出す動きに体の傾きをプラスしてバランスを崩した場合

大転子《だいてんし》で加速する

◉「バネ」のメカニズムが発動する

まっすぐ立っている時、胴体は長方形ですが、台形のような形に柔軟に動きます。走る時は右の体側の長さと左の体側の長さを常に変えながら動き続けるわけです。

さらに、この台形には捻れが発生します。そうすると、離地のポイントが後方に移動するのです。たとえば、右足が後ろになった時は右の体側が伸びて、右胸が前に出るわけです。

そうすることで重心が前方に崩れ、スムーズなランニングにつながるわけですが、この台形の動きにはもうひとつ大きなメリットがあります。

それは、足部にそもそも備わっている「バネ」を、意識せずとも有効活用できるようになるということです。

しかし、体側が伸びると、なぜ「バネ」のメカニズムが発動するのでしょうか？

その理由は「大転子《だいてんし》」の動きを追うことでハッキリします。

大転子は大腿骨の一部分です。まっすぐに立った状態で、腰の骨（腸骨《ちょうこつ》）を触ってみましょう。そこから少し下にある、ポコっと出た骨が大転子です（図2－1）。

胴体が台形の動きになると、大転子は内側に移動します。これは、解剖学でいうと「股関節の外転運動」です。

そうすることで、足への荷重は内側に移動します。すると、母趾が背屈しながら離地できるようになり、結果「バネ」のメカニズムが発動するわけです。

離地のポイントが後方に移動するのと併せて、この「バネ」を生かした走りができれば、驚くほどの推進力を得ることができるはずです。

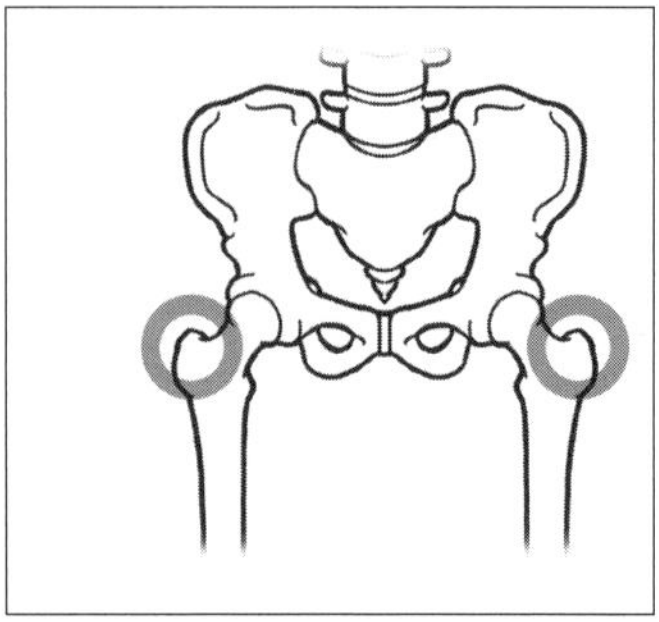

図2-1　大転子

走りながら体側は交互に伸びている

重力を味方につける「足」の使い方

◉カカト着地が故障のリスクを高くする

レオナルド・ダ・ヴィンチは、

「足は人間工学上、最大の傑作であり、そしてまた最高の芸術作品である」

と評しています。

足には、シューズに頼らなくても、衝撃を吸収しスムーズに重心移動するためのシステムが備わっています。

足部にある26個の骨（片足）には一切の無駄はなく、縦横に伸縮するアーチと連携して芸術的な着地とスムーズな重心移動を可能にします。

ただし、それは「人間工学上」理に適《かな》った足の使い方をしている場合に限ります。

もし、カカトから着地すれば、足はその機能をほとんど発揮することができません。

カカト着地の原因は、歩幅が広がったオーバーストライドにあります。そして、カカト着地は、カカトを内側にひねるオーバープロネーションを引き起こします。

カカト着地は、前進する動きにブレーキをかけると同時に、故障のリスクも大きくするのです。

では、足の裏のどこで着地すればいいのでしょうか？

答えはカカト以外。前足部でも中足部（図２－２）でもどちらでもかまいません。

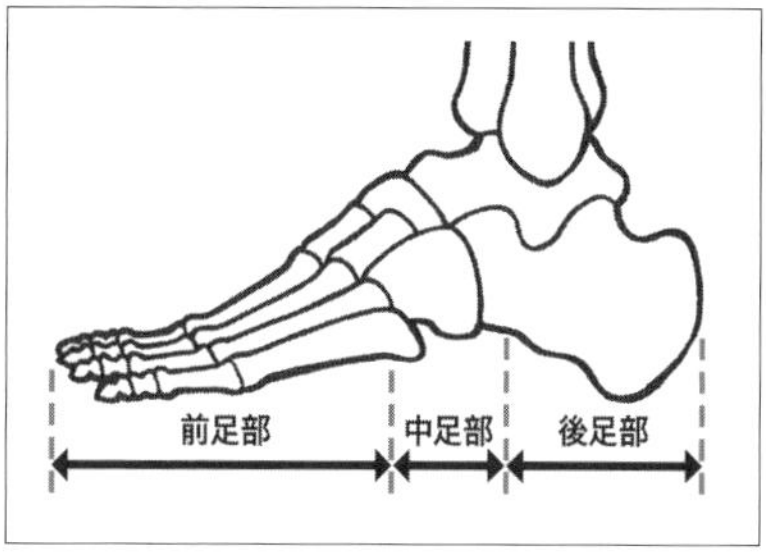

図2-2

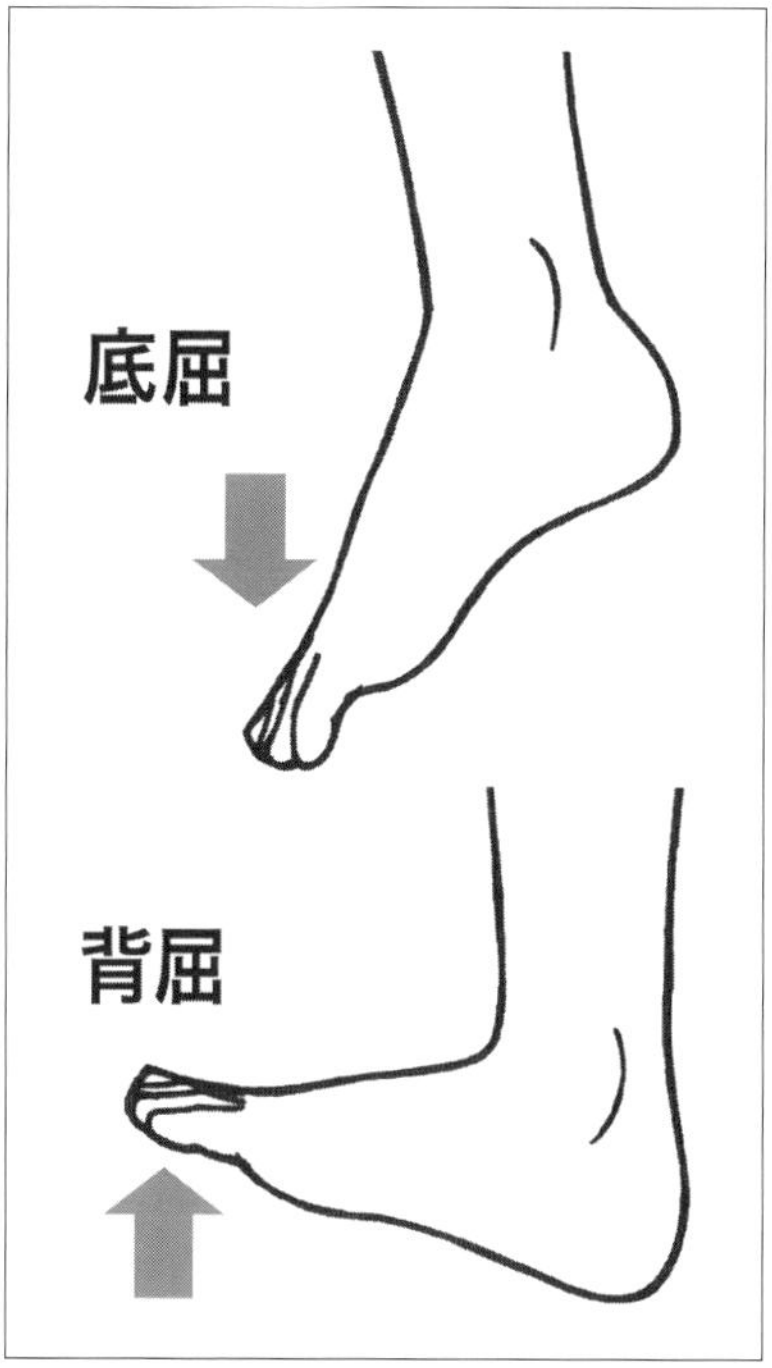

図2-3

もちろん走るスピードによっても変わってきます。

問題は着地したあとになります。もし、つま先で地面を蹴らないと前に進めないと思い込んでいるのなら、あなたの「芸術作品」は宝の持ち腐れです。

つま先を押し下げて地面を蹴るような関節運動のことを「足関節の底屈《ていくつ》運動」（図2-3）といいます。いわゆる「足首のキック」のことですが、足関節の底屈運動は本来、前進するためではなく、後進するための関節運動なのです。

信じられないなら、試しに直立して足裏を地面につけたままの状態で、足関節の底屈運動をしてみてください。体は後ろへ倒れようとするはずです。

足関節の底屈運動がなければ速く走れない、と多くのランナーが誤解しています。

研究によって、マラソン強国のケニアのトップランナーは、日本のトップランナーよりも底屈角度が小さいことがわかっています。ケニアのマラソン選手は足首のキックを必要以上に使っていないのです。

実際に底屈運動に頼った走りになっているランナーの場合、つま先で地面を蹴り込むので、体は持ち上がり、上下動が激しい走りになります。自分の筋力を使って無駄に重力に抵抗しているわけです。

これでは、重力が敵になってしまいます。故障とは、重力に抵抗しているから起こるアクシデントです。

では、重力を味方につける足の使い方とはいったいどのような動きなのでしょうか？

答えは簡単。着地後に体より後ろに位置したカカトを地面に押しつけるように使うのです。アキレス腱を伸ばすようなイメージです。すると、スネが前に倒れ（足関節の背屈・図2－3）、推進力につながります。

そして、離地のポイントをできるだけ後方にすることです。

離地とは読んで字のごとく、足が地面から離れることをいいますが、この離地のポイントをいかに後方にできるか？　これが重力を味方につけると共に、足の構造と機能を最大限に発揮するためにもっとも重要なことなのです。

離地のポイントを後方にシフトすることで、足の親指が背屈する（上を向く・図2

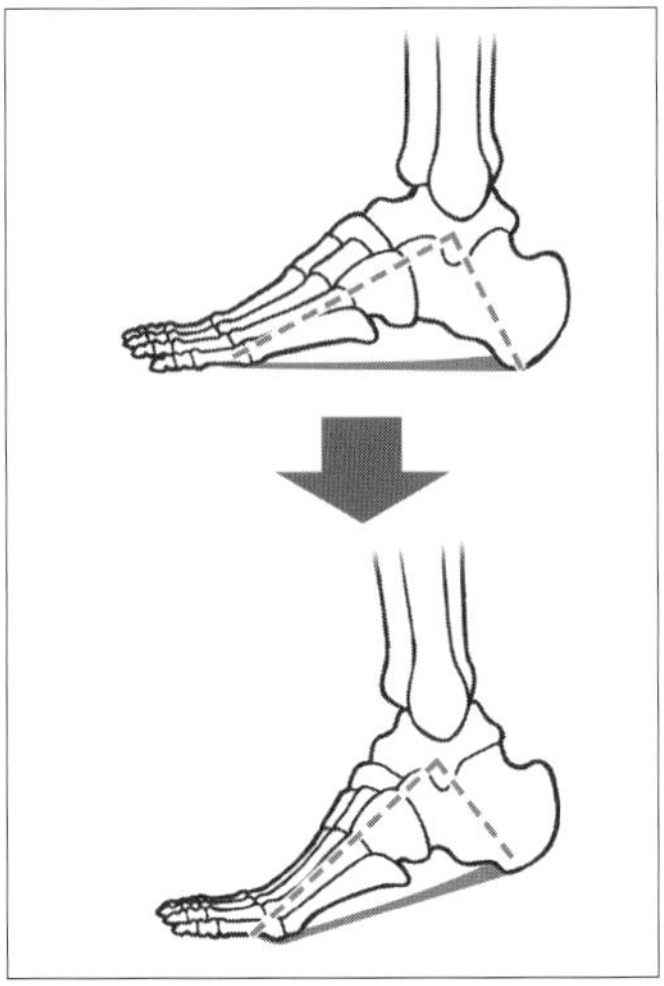

図2-4　ウィンドラス機構

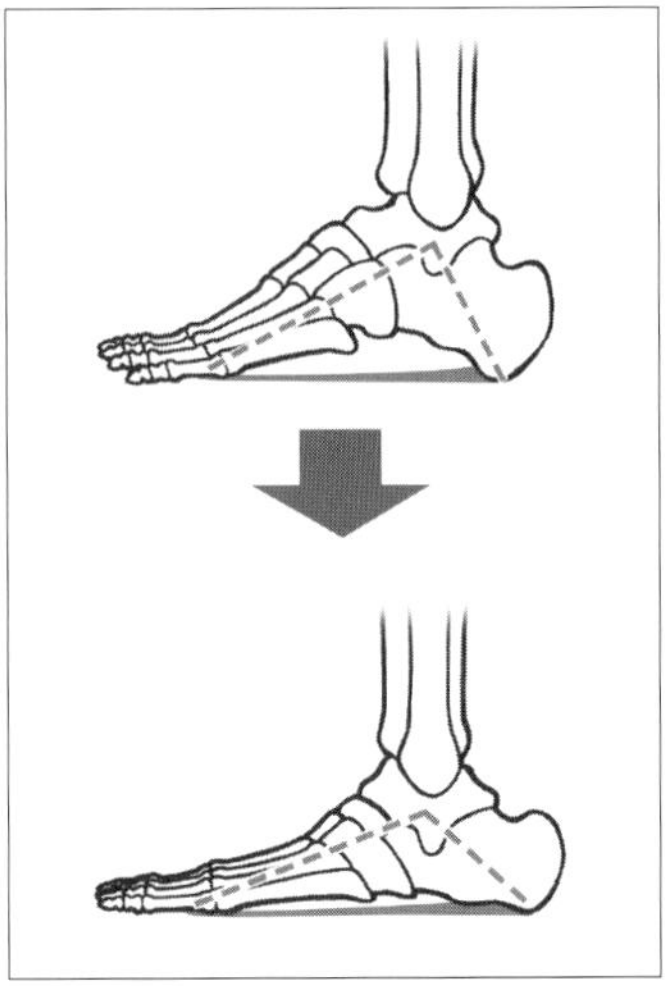

図2-5 トラス機構

ー3）ようになります。母趾が背屈することで足底腱膜《そくていけんまく》が巻き上がり、緊張することで足の安定感が増し、バネの役割を果たすという「ウィンドラス機構」（図2－4）が効力を発揮します。

これをいかにランニングに活用するかがポイントです。離地のポイントが浅いと、「ウィンドラス機構」をうまく活用できないのです。

ちなみに、よく「ウィンドラス機構」とセットで紹介されるのが「トラス機構」（図2－5）です。こちらは、荷重時にアーチが潰れ、足底腱膜が伸びることで衝撃を吸収してくれます。

腕に振り回されない

◉ヒジは下に引くイメージ

腕は、肩甲骨を介して胴体と連動しています。ですから、胴体が動けば腕も動くのです。胴体が動いていないのに、腕だけを振ろうとすれば、見せかけのものになってしまいます。

まず、胸が前に出れば、肩の筋肉を使わなくてもヒジの位置は自然と後ろに移動します。

また、胴体の台形の動きができれば、ヒジを引いている方の肩が下がり、ヒジが前に出る方の肩が上がるように見えます。こうなることで、余計な力みのない腕の動きができるようになります。**大事なのは、ヒジを後ろに引こうとしすぎないことです。**

この胴体の動きをベースにして、ヒジの動きに注目してみましょう。

ヒジを後ろに引く意識が強ければ、ヒジの位置は後ろに引かれる、というよりも上がってしまいます。そうすると、肩の筋肉に余計な収縮が出てしまいます。

そこで、**ヒジは後ろに引くというよりも「下に引く」というイメージを持ってみましょう。**そうすることで、ヒジから胴体の動きを誘導することもできます。

また、前に出るヒジは、胸を一緒に前に出すイメージを持ってみましょう。大きく前に出す必要はありません。

腕の動きはあくまで、胴体の動きを引き出すための引き金としてとらえましょう。大事なのは、腕に振り回されないということです。

腕の動きが胴体とリンクすれば、脚の動きともいい連動性が生まれます。つまり、腕の動きが脚の動きに生きてくるわけです。

（上）まずは腕振りを意識せずに、胴体だけを動かしてみる
（下）腕を軽く曲げ、胴体の動きに逆らわずついていくイメージ

第三章

ランニングフォームを自己診断

ゼロベース度チェック

大きな足音はブレーキ警報

◉非効率な着地

前を走るランナーが思わず振り返るくらい、足音がうるさくないですか？

足音が大きいということは、重心よりも前に足が位置している証拠です。また、着地の瞬間につま先が上がっており、その後つま先で地面を叩いているのです。前進運動に対して、ブレーキをかけているわけです。

ブレーキをかけてはアクセルを踏み、ブレーキをかけては、またアクセルを踏む。これを繰り返すことで、努力感は得られるでしょう。しかし、それと引き換えに、ランニングは非効率になっています。

パタパタ鳴り響く足音は、ブレーキ警報です。

あなたの足元でブレーキ警報は鳴り響いていませんか？

ソールが擦り減っていませんか？

◉シューズソールはフォームを映し出す

シューズのソールの擦れ方を見てください。カカト部分が極端に擦り減っていませんか？　そもそも、ソールが擦れるのは、前進する動きに対してのブレーキがかかっているからです。それがカカトでも、中足部（足の真ん中）でも、ソールが擦り減っていれば、ブレーキがかかっています。

そういうランニングでは、ヒザを伸ばしきったままの着地になっている可能性が高いです。着地点が重心よりも前方になり、「ブレーキ域接地時間」が長くなってしまいます。

その結果、ヒザを痛めるランナーが増えてしまうのです。

シューズソールは、自分のランニングを映し出す鏡です。

見て見ぬ振りをしていませんか？

足本来の機能をチェック

◉柔軟性が衝撃を吸収する

まっすぐ立った状態で、カカトをできるだけ上げて、つま先立ちしてみましょう。足の指は、扇状に大きく開いていますか？

足は、荷重がかかるとアーチを崩して広がることで衝撃を吸収します。この柔軟性こそが、レオナルド・ダ・ヴィンチがいう「最高の芸術作品」の一端です。

しかし、多くのランナーは日常生活で足先が窮屈なシューズを履き、足をガチガチに固めてしまっているので、足が本来持っている機能が働きにくくなっているのです。

足のアーチは、上げること、タイトにすることだけに着目されがちですが、それはあくまで機能のひとつでしかありません。物事はすべて二面性を持ち、バランスを保っているのと同様に、足のアーチもタイトになる局面（ウィンドラス機構）とソフトになる局面（トラス機構）の両方で成り立っています。

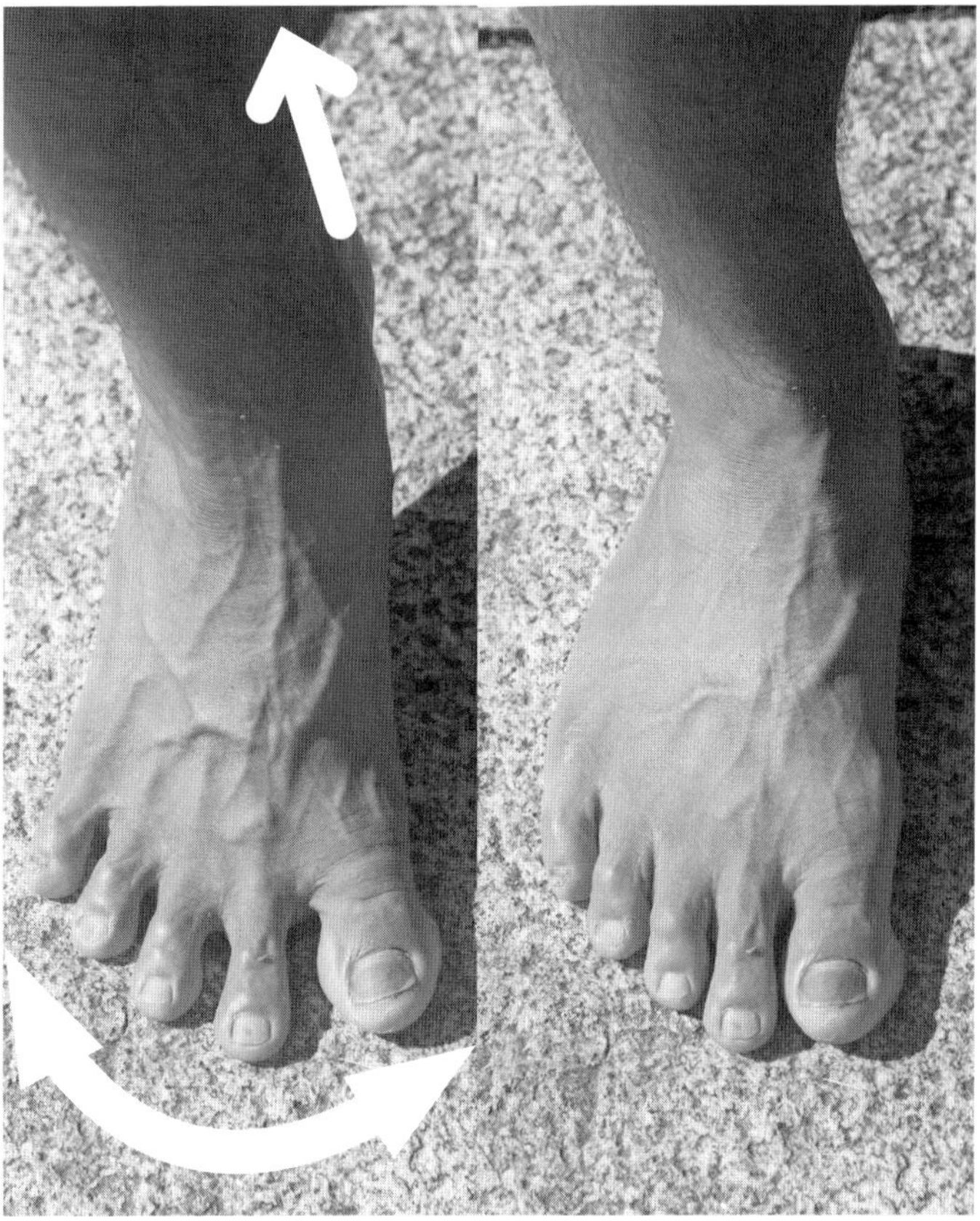

ベタ足で立った状態（写真右）から、カカトを上げてつま先立ち（写真左）をした時に、足指が綺麗に開くだろうか？

足の小指が浮いていませんか？

◉オーバープロネーションの原因

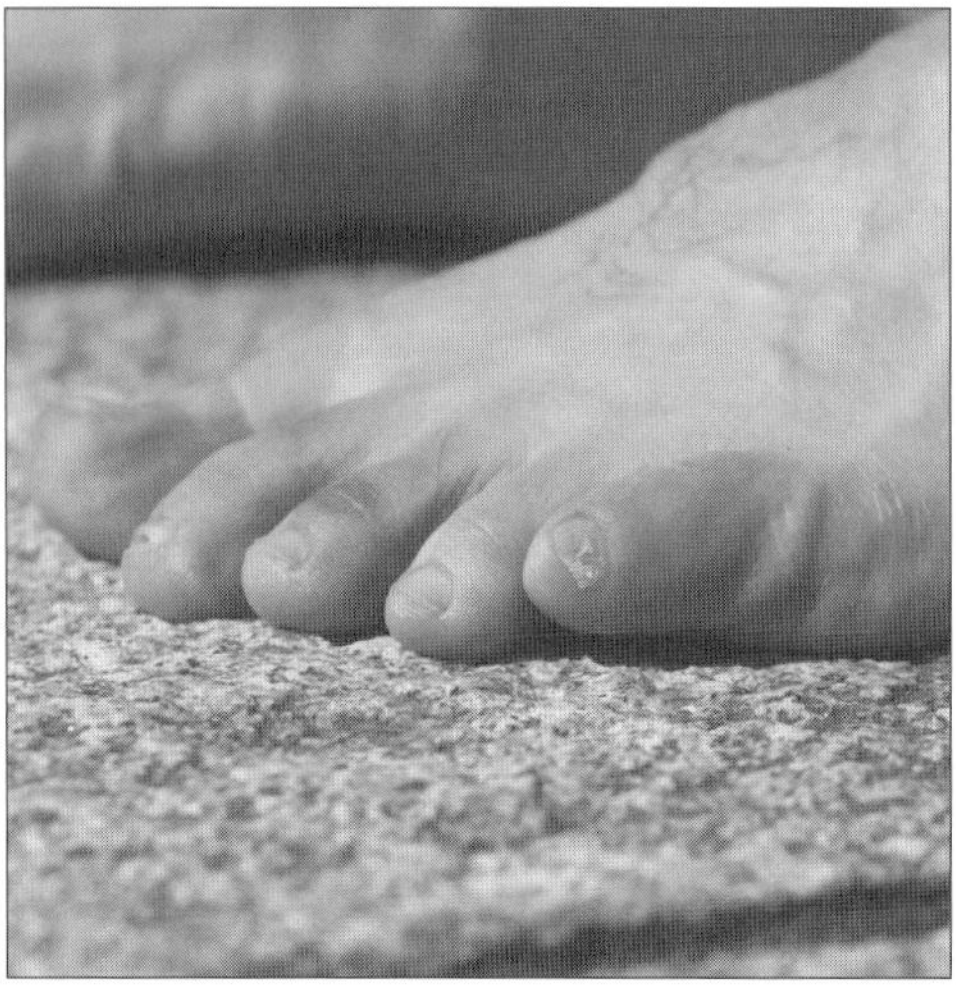

目をつぶってまっすぐ立ってみましょう。あなたの小趾《しょうし》（足の小指）はしっかりと地面に着いていますか？

走っていても歩いていても、本来は小趾が地面を離れることはありません。

小趾が浮くのは、足の内側に体重が偏《かたよ》っているからです。こうなると、オーバープロネーションに陥りやすい傾向にあります。つまり、ランニング傷害に見舞われる確率が高いということです。

腕を引くと肩が盛り上がりませんか？

◉フォームを崩す肩の過緊張

立ったまま、走る時と同じように片腕を引いてみてください。腕を引いた方の僧帽《そうぼう》筋《きん》（首から肩、背中にかけた筋肉）が盛り上がっていませんか？

胴体から腕が「振られる」のではなく、腕だけを「振っている」と、このように肩に余計な筋緊張を生み出してしまいます。

こうなると、もう腕と脚の関係性は破綻します。手足を連動させるためにも、肩はリラックスさせるべきなのです。

パワーロスになる蹴り込み

◉地面を押し下げても無駄

速く走るために、地面に足をめり込ませるように押しつけていませんか？

いくら一生懸命に蹴り込んでも、足は地面にめり込みません。

行き場を失った力は横に逃げて足首やヒザなどの関節をひねってしまうこともあります。**パワーのロスだけではなく、ケガにもつながる動きです。**原因は、胴体が固まっているからです。胴体を固めて下に足を伸ばそうとしているのです。

繰り返しになりますが、ゼロベースランニングでは、重心を移動させて走りの原動力を生み出します。着地したら、**地面を押し下げるのではなく、重心を押し上げるように体を斜め前方に伸ばす必要があるのです。**

足、脚、そして、胴体も含めて素直に斜め上に伸びていけば、重心は前方（上方にも）に動き、体のバランスが崩れ、走りの推進力になります。

ふくらはぎが太くなった

◉筋肉を使えば肥大する

走り込んでいるからふくらはぎが太くなってきた！　男性ランナーはトレーニングの成果が出たと喜んでいませんか？

女性ランナーは、走れば痩せると思ったのに、逆にふくらはぎが太くなってきたと悲しんでませんか？

ふくらはぎが立派に成長してしまったのは、使いすぎの証拠です。しかも、その発揮された力は、推進力につながったわけではありません。

ふくらはぎが太くなっているランナーは、前に進もうとする動きとは違う方向、つまり**上方向に力を使いすぎています。**

また、つま先着地にこだわるあまり、体より前でつま先着地をしてしまい、ふくらはぎを使ってブレーキングをしているのです。

太もも前面の筋肉痛の正体

◉減速と加速を繰り返す効率の悪さ

長い距離を走ったあとに、脚のどこが筋肉痛になりますか？

太もも前面（大腿四頭筋《だいたいしとうきん》）が筋肉痛になる方は、ブレーキをかけながら走っています。

おそらく、足を体より前に大きく振り出し、カカトから着地しています。つまり、前方に推進しようとする体に対して足はブレーキングしているのです。

その結果、大腿四頭筋を必要以上に使わなければならなくなっているのです。

そして、**減速した分を蹴ることによって帳尻《ちょうじり》を合わせようとすると、減速→加速を内力（筋力）を使って繰り返すことになります。**

疲労したわりに前に進んでいないという事実に気づかぬまま、一生懸命走った勲章として、筋肉痛を誇らしく思っていませんか？

飛び跳ねながら走っていませんか？

◉ランニングは上ではなく前に進むもの

　少しでも遠くに体を運ぼうとして一生懸命、地面を蹴っている人の走り方です。本人の満足感は高いはずです。

　しかし残念ながら、それは自己満足でしかありません。当たり前のことですが、**ランニングは前に向かって進むものです。必要以上に上に飛び跳ねるのは効率がよくありません。**

　上に跳ねるということは、上に向かって足首のキックを行なっているわけですから、つま先を押し下げて地面を蹴るような関節運動「足関節の底屈運動」をしている証拠です。

　推進力を得るために内力を使おうとしているのですが、その内力を使う方向から間違っていることになります。

スピードアップした瞬間に体がのけぞる

◉胴体が先行して動いていない

一定の速度を保った走りから、加速した瞬間に、体が後ろにのけぞるような感覚を覚えたことがありますか？　体が置いていかれる感覚に、加速の快感を覚えているとしたら大きな間違いです。

それは胴体をうまく使えず、脚で蹴っている証拠です。

脚の筋力で地面を蹴り込んで加速しようとしているのに加えて、胴体がその加速に対応できずに、置いていかれてしまうのが原因です。

本来は、胴体が先行して動いていかなければなりません。胴体の傾きや反りで重心の位置をコントロールすることが、スピードアップのためのアクセルワークなのです。

脚はあとからついてくるのです。脚が先行すると、胴体は置いていかれて後傾になってしまいます。

後ろにひっかいていませんか？

◉脚が空回りしてしまう

自分の走りをチェックするために、砂利道を走ってみるのもいいかもしれません。脚が空回りしてなかなか前に進まない場合は、つま先で踏み込んだあとに、後ろにひっかいて走っているはずです。

自分が走った足跡を見てください。点のように短い足跡ですか？　それとも線のように長い足跡ですか？　もちろん、ゼロベース度が高いのは前者です。

体軸がしっかりとできていて、その体軸の方向に力が働けば、それほど滑らずに前進できるのですが、**着地後に内力（筋力・特にヒザ下）を後ろ方向に使ってしまうと、足は空回りしてしまうのです。**

アスファルトは滑りにくいので、なかなか気づかないのですが、砂利道を走れば一目瞭然です。

足にマメができていませんか？

◉走り方に原因があることも

足にできるマメは摩擦《まさつ》による火傷です。シューズが合わないからしょうがないと諦めていませんか？

もちろん、シューズを変えたら治ることもあります。しかし、**シューズを変えても治らないマメは、走り方に原因があるはずです。**

カカトの後ろにできるマメはシューズがしっかりとフィットしていないからか、蹴る力が強すぎてカカトがシューズから飛び出しそうになっているから。

足の前の方にできるマメの多くは、シューズの中で足が前に動く時に摩擦が発生するためにできます。

つまりブレーキング要素が強い着地になっているため、着地した足が前方に滑っているわけです。重心の真下に着地できれば、シューズの中で足は滑らなくなります。

硬い床面でもリラックスできますか？

◉胴体の柔軟性を知る

体にフィットする低反発マットレスや枕は、あなたを優しく包んでくれます。そのおかげで心地よく眠れているかもしれません。

しかし、素晴らしいマットレスや枕も、体にとって不都合があることはあまり知られていません。よく考えれば至極当然のことですが……。

というのも、**マットレスや枕が固く強張った体にフィットしてくれれば、体はわざわざ柔らかくなる必要がありません。**

睡眠には「骨休め」の意味合いがあります。

日常生活では頭上から地面に向けて重力を受けますが、横になっている時は重力の受け方が変わりますよね？

たとえば、仰向《あおむ》けになれば、背骨のS字カーブはゆるんで、背骨がまっすぐになるはずです。そうすると、背中全体がべったりと床面に落ち着き、フローリングでも畳でもリラックスして眠れます。

赤ちゃんは、床でもどこでも眠れますよね？ **硬い床面でも、柔軟性が高い体を持っていれば、床面にフィットし、リラックスして眠れるわけです。**

しかし、胴体が固まっていたらそうはいきません。仰向けで寝ればアゴは上がるし、肩は浮き上がって床面に着きません。体が床面に着いている面積が狭いから、リラックスできないのです。

さて、あなたの胴体の柔らかさはいかがなものでしょうか？

第四章

人間本来の走りを実現する

ゼロベーストレーニング

腹の硬さを改善する

◉動かせる胴体をつくる第一歩

多くのランナーは胴体がまっすぐにならずに背中が丸まっています。胴体を正しい位置に戻すためにはどうすればいいでしょうか?

背中側の筋肉を緊張させて引っ張れば、体は起きてきます。これは誰でも思いつくことだと思います。体の前面に10の力がかかっているとしたら、背面を10の力で引っ張り返してあげれば、0になるという考え方です。

しかし、もっと効率的な方法があります。それは胴体前面のポイントとなる部分を脱力させることです。つまり、10－10で0をつくるのではなく、力を抜いて限りなく0－0で0をつくり出すのです。

ゆるめる方法は簡単です。指で押してもいいし、ペットボトルのキャップの方などを使ってもいいので、痛すぎない程度に押します。

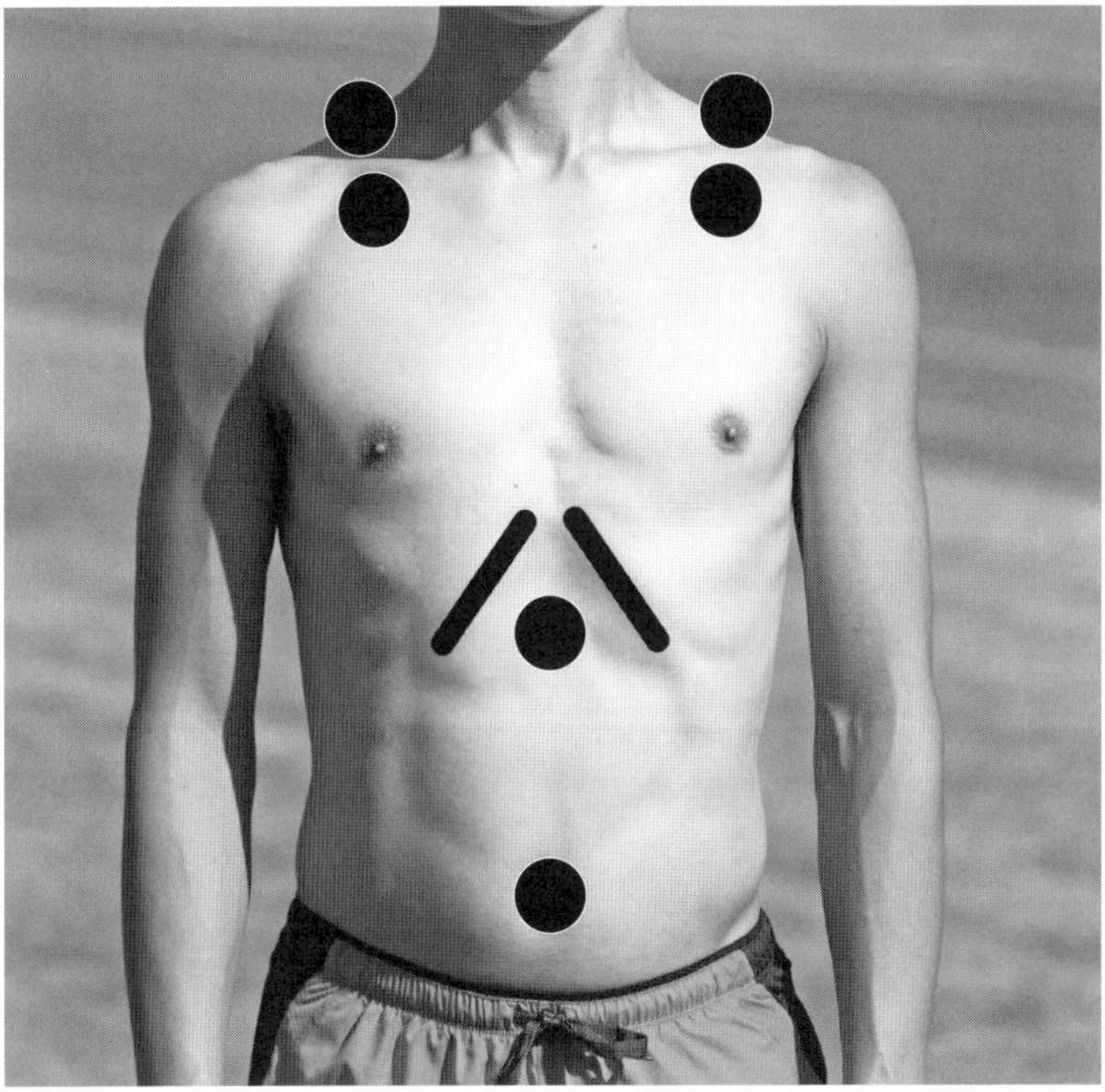

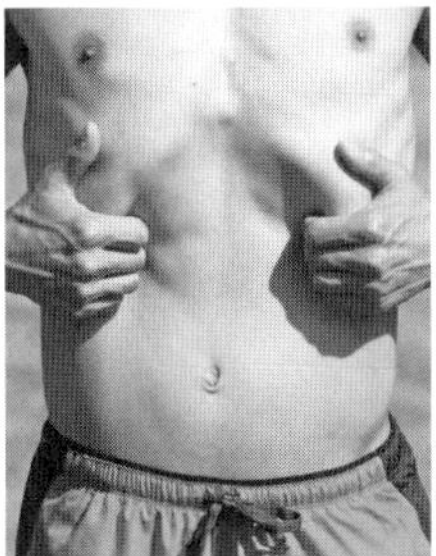

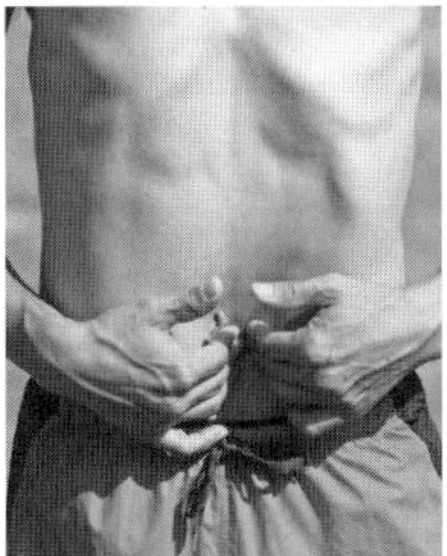

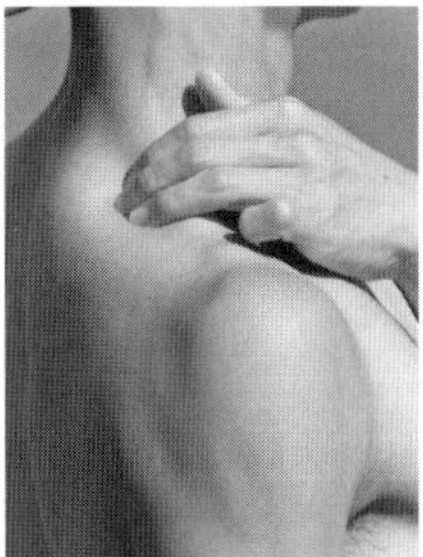

各部位に指先を押し込むようにする。肋骨の下は骨に沿って指を押し込むようにする（左下）

それでは、具体的に伸ばすポイントを見ていきましょう。

みぞおち

みぞおちが固まっていると、背筋や腰の筋肉を収縮させることになります。みぞおちと肋骨とお腹の境目を押しながら伸ばしてください。みぞおち周辺を伸ばしたら腹全体も伸ばしましょう。

上体を反らすストレッチは、狙った場所をピンポイントで伸ばせないので、手で押してあげるようにしましょう。

腕のつけ根

腕のつけ根に力が入ると、肩甲骨を筋力で寄せなければならず、自然と力みが生まれます。腕のつけ根がゆるむことで肩甲骨周辺の筋肉は脱力した状態になり、綺麗な姿勢をつくることができます。

◆――肩の上

肩に力が入っていると、肩甲骨が自然に下がらないため、筋力を使って下げなければなりません。

ところで、腹は常に硬ければ硬いほど、よい状態だと思っていませんか?

ふくらはぎや太ももの筋肉は、使っていない時は柔らかいはずです。どちらも筋肉なのに、なぜ腹だけは、常に硬い方がいいのでしょうか?

もちろん、そんなことはありません。腹の筋肉だって、使わない時は柔らかい方がいいのです。

まずは固まっている腹を伸ばし、胸を動かす準備をしましょう。

上半身を一気にストレッチ

◉開胸ストレッチ

手の甲を下に向けて後ろで組み、手を地面に近づけるように下に伸ばします。そうすることで、凝り固まりやすい3つの部位（みぞおち、腕のつけ根、肩の上）を一気に伸ばすことができます。

このエクササイズのポイントは、**「組んだ手を後ろに伸ばす」のではなく、「下に伸ばす」ことです。**

手を後ろに伸ばそうとすると、肩に力が入ってしまう場合があるのです。それを防ぐために、組んだ手は下に伸ばすようにします。

また、組んだ手を下に伸ばすと同時に、頭の位置が1cm程上に移動するように心がけてみましょう。首を長くするイメージです。

仕事や家事の合間に簡単にできるストレッチですので、こまめに行ないましょう。

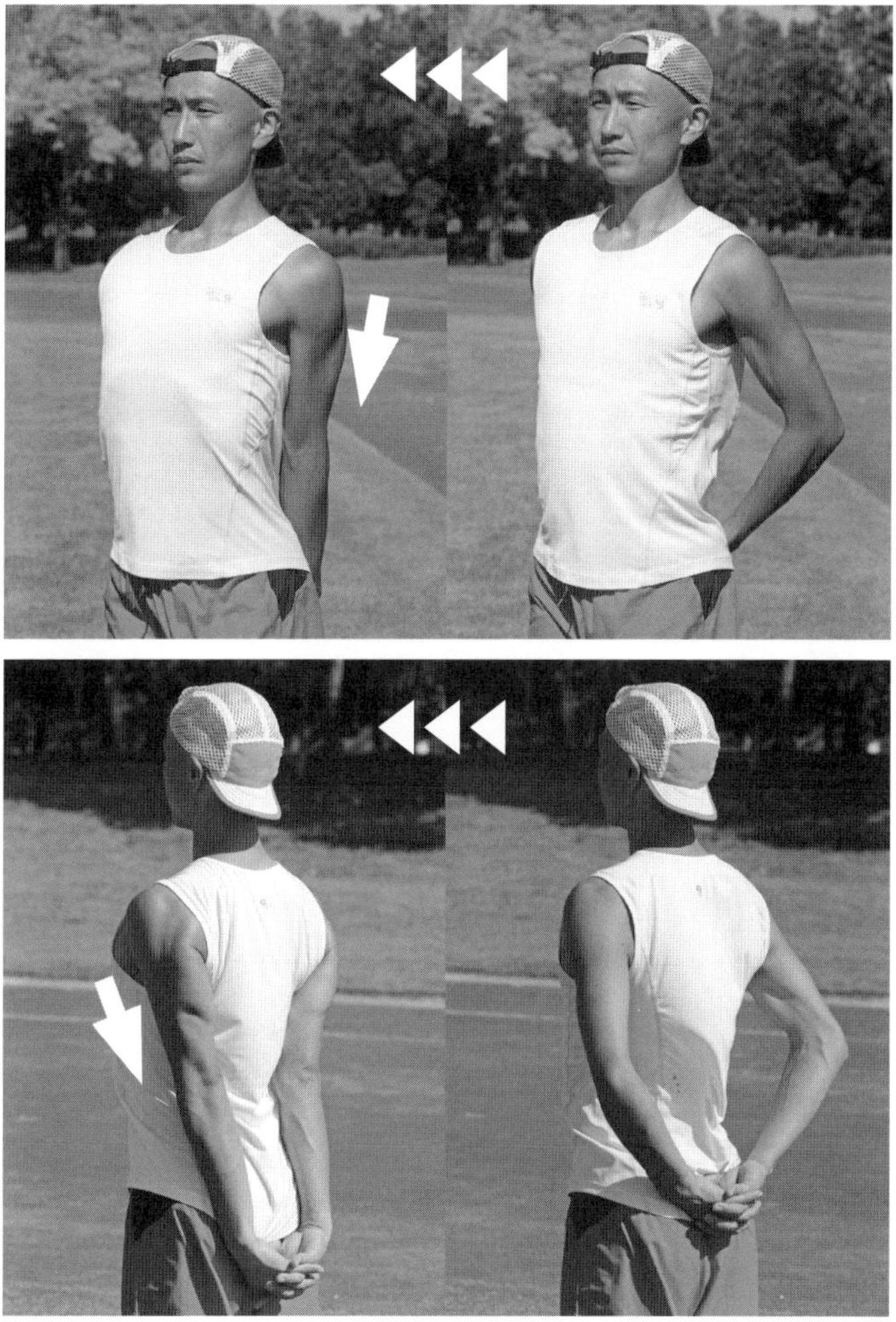

腕は下に、頭は上に伸ばす

走りの原動力を覚醒させる

◉固まった胸を動かす

壁に背を向け、頭の上で手を壁につけます。ヒジをできるだけ伸ばすように、胸を前上方に伸ばします。肩に力みや痛みが出ない程度にしてください。

最初はできない方が大半だと思います。もしかしたら、指先すらも壁につかないかもしれません。無理をせず、首を長くするように肩を下げ、深呼吸しましょう。繰り返していくうちに、少しずつ、固まっていた胸も動き出してきます。

よく見かけるのが、手を後ろまで上げようとするあまり、お尻が前に移動し、腰が折れてしまう方です。そうすると、腰にだるさや痛みを感じたりします。

お尻は前に移動させず、後ろでキープします。腰を折るのではなく胴体全体を反るのです。そうすることで、胸が前に引っ張られるような走りが可能になり、重心移動がスムーズになります。

悪い例のようにお尻を前に移動させないように注意

ヒジを引いて胸をストレッチ

◉胸を動かす

開胸ストレッチでは、文字通り胸を開くのが目的でしたが、今度は前方に動かすことも意識してみます。

開胸ストレッチと同様、胸を開こうとして肩が上がらないように気をつけます。まずは立ったままの状態で、ヒジを後ろに引くのと同時に胸を前に出します。胸を前に出すと、勝手にヒジも後ろに引けるはずですから、無理にヒジを後ろに引こうとしないようにしましょう。ヒジを下げるように胸を前に出すと、肩に余計な力が入るのを防ぐことができます。

動きがイメージできたら、今度は脚の動きもつけていきます。

最初は一歩だけステップして、胴体と脚の連動を確認しましょう。ヒジを引くタイミングと、脚を前に出して体重を乗せるタイミングを合わせるのがポイントです。

腕よりも胸の動きに注意。前に進む時は、胴体全体で

股関節の柔軟性をアップ

◉しゃがむ

足の裏を地面につけたまま、しゃがんでみましょう。ヒザとつま先をできるだけ外に開き、横から見た時に頭とお尻が一直線上にあるようにします。また、背中が丸まらないように、可能な限り胸を開きます。

股関節が硬いとうまくしゃがめず、頭が前に出てしまうはずです。

どうしても足の外側が浮いてしまう場合は、ヒジでヒザの内側を外に開いてみましょう。その場合、背中が丸くなりがちです。**首を長く伸ばして肩の力みを抜き、深く呼吸をしながら胸が閉じないように注意しましょう。**

次に、しゃがんだ状態から両手を上げて、バンザイしてみます。真上に腕を上げます。胸が動かないと、なかなか上がりません。

腕だけ上げるのではなく、胸から上げるようにイメージしましょう。

ヒジでヒザを開きながら、しゃがむ

股割りでケガを防止

◉日常で固まった体をリセット

うつ伏せでヒジを立て、股関節が90度くらいになるまで両ヒザを上げます。これをニュートラルポジションとします。この状態からゆっくり深呼吸しながら体を前後に20回ほど動かします。その後、右の体側を伸ばしながら体を後ろに動かし、そのまま今度は左の体側を伸ばしながら前に動かしていきます。体側で円を描くようなイメージです。これを、右回り20回、左回り20回やってみます。

次に、ニュートラルポジションで右のヒジと左のヒザの内側に体重を乗せるようにします。そうすると、左の股が開くような動きになるはずです。

動作中は、必ず深く呼吸しながら行なうようにしましょう。股が割れてくると、着地の際のブレーキングが小さくなります。そうすると、余計なエネルギーを使わなくてもすみ、何よりケガを防ぐ、または改善することができるようになります。

ニュートラルポジション。ここから体を前後や円を描くように
動かしていく

胴体の動きと手足を連動

◉ずり這《ば》い

股割りの状態から、お腹も股関節もできるだけ地面に近づけたまま、這うように前に進みます。

動きの原動力には胴体を使います。胴体が台形の形になるように動かしてください。「ヒザを上げる」（進行方向へ動かす）というよりも、胴体の動きに連動して「ヒザが上がる」ように意識してください。

腕の動きも同様です。右の胴体が伸びるタイミングで右腕を前に移動させます。**手先・足先だけの動きではなく、胴体から動き出す動きを身につけましょう。**

ずり這いをこなせたら、四つ脚歩きにもトライしてみましょう。

ずり這い同様、胴体にの動きに手足がついてくる感覚を身につけるレッスンです。胴体と手足の連動を意識しましょう。

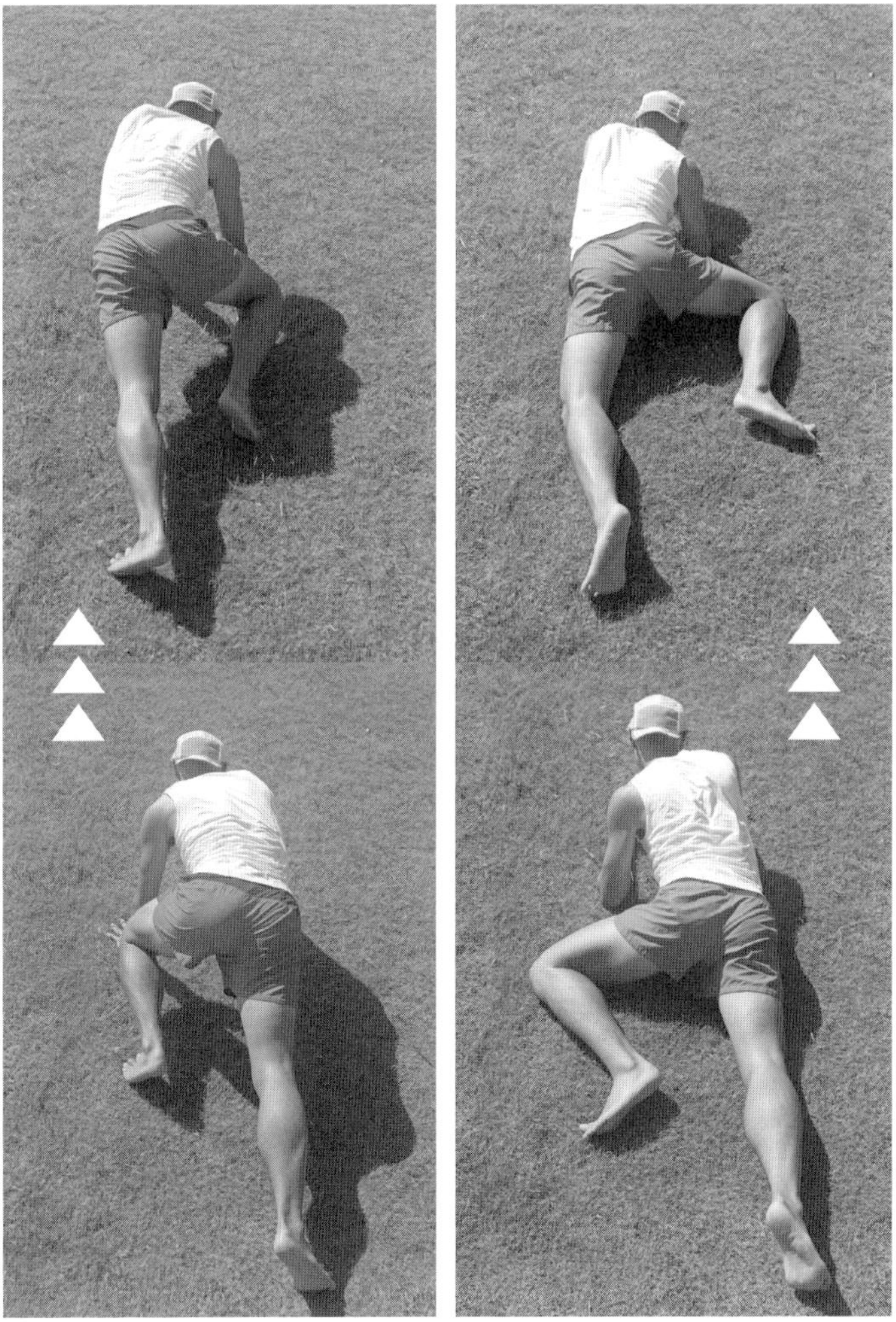

（左）四つ脚歩き　（右）ずり這い

仙腸関節《せんちょうかんせつ》の動きを滑らかに

◉肩入れ

体をひねるというよりは、腕でヒザを外に開くように肩を入れ、片側の胸を前に出し体側を伸ばします。お尻はできるだけ深く落とします。

しかし、股が割れていないとなかなか深く落とせないので、少しずつ落とせるようにしていきましょう。

肩が深く入るようになると、仙腸関節の動きが滑らかになります。

仙腸関節とは仙骨と腸骨で構成される関節です。この関節は、肩や股関節などのように大きくは動きません。股が割れないと、仙腸関節は微妙な動きを失ってしまうのです。

そしてこの仙腸関節の動きの悪さは、上半身の胸鎖関節《きょうさかんせつ》の動きにも影響します。

胸鎖関節とは、胸骨と鎖骨がつくる関節で、腕の動きに大きな影響を与えます。

胸と体側を意識する。片方（上）ができたら、両肩同時（下）にもトライ

足部の柔軟性を取り戻す

◉つま先歩き

一番のポイントは、カカトをできる限り上げることです。足趾《そくし》は扇のように広がっていますか？　柔軟性があれば、開こうとしなくても、体重をかけるだけで開いてくるはずです。足趾は自分の意思で開くのではなく、つま先立ちで体重をかければ、自ずと開いてきます。

足はこのように柔らかく広がることによって、衝撃を吸収します。しかし、大抵のシューズは前足部が細く、足部の広がりを押さえつけてしまいます。するよと、足部で衝撃吸収ができなくなるのと同時に、足部への負担が大きくなってしまいます。

今は固まっていても、このエクササイズを続けることで、必ず足部の柔軟性は取り戻せます。

指先で歩くつもりで限界までカカトを上げる

小指の感覚を大切にする

◉四股歩き

脚を大きく開きます。つま先は外に向け、ヒザとつま先の向きを合わせます。いわゆる「四股を踏む」状態です。そこから体を沈める～浮かせる動きを繰り返しながら、前に進んでいきます。

10歩前に進んだら、今度はそのまま後ろに10歩下がってみましょう。体が沈み込んだ時、ヒザが内側に倒れ込まないように、また、足裏の外側が浮かないように注意してください。小指が地面についていない場合は、手でヒザを外に開くようにします。そうすれば、小指は地面に着くはずです。

うまくできるようになると、母趾球と小趾球とカカトの三点に、均等に体重が載って、ランニング中の余計な力みを改善できるようになり、足首、ヒザ、股関節のバネをうまく使えるようになります。

写真は前進。できたら後進もしてみよう

カカトを押しつける

◉離地を遅らせる

離地を遅らせるトレーニングです。直立した状態から一歩後ろに踏み出してみましょう。踏み出した脚はつま先で踏ん張るのではなく、カカトを地面に押しつけるように意識してください。

後ろに踏み出したあとは、なるべく蹴らないように胸を先行させて、前足に載り込みます。

これを何度も繰り返してください。少しずつ前に進んでいって構いません。始めは小さいステップで結構です。だんだん大きく踏み出すと、実際はカカトが地面に着くことはないかもしれませんが、それは構いません。

後ろに踏み込んだ局面が、実際の走りの中の離地の直前と同じ動きになる感覚をつかんでください。ずいぶん後ろに足が位置しているのがわかるはずです。

悪い例のように足で蹴り上げないように注意

大転子から胴体の動きを引き出す

◉大転子ウォーキング

大転子（60頁参照）を指でおさえて、胴体が台形になるように片脚立ちします。すると、大転子が内側に移動して、周りに凹みができます。片脚立ちをして、手の指で、大転子を内側に軽く押してみましょう。

次に、指で大転子を押しながら歩いてみます。すると、足で地面を蹴らなくても、体が前に進む感覚があるはずです。太ももの筋肉を使う必要もなくなるはずです。正しく胴体を使えれば、大転子もうまく連動します。逆に、大転子の動きから胴体の動きを誘導することも可能です。

普段から**大転子の動きを意識していれば、胴体が動いてるのか、固まっているのかを、簡単に診断することができます。**

大転子を意識すると胴体が動き出す

下げる手の動作に注意

◉体側伸ばし片脚立ち

まず、右手を上に、左手を下に伸ばします。その際は、鼻とヘソが一直線上にあるようにしましょう。そのまま右足に体重を移動します。この時も、鼻とヘソのラインを保って、最後に、左ヒザを上げます。そうすると、胴体が台形に変形します。

その時、大転子は内側に移動しているはずです。右の大転子の周りを手で触ってみてください。大転子の周りが凹んでいたら、うまくできています。

このエクササイズでは、上げる手の方を意識しがちですが、下げる方の手の方も、とても大事です。

下げる手は、走る時に引く方の腕で、腕の動きにも大きく関係してきます。

腕は、後ろに引くというよりも、下に引くようにすると肩の力みがなくなり、スムーズな動きになります。胴体の動きの結果、腕は「振られる」のです。

胴体を台形にするように注意しよう

足のバネを使えるようにする

◉フロントランジ

前述の片脚立ちの状態から、大きく一歩、前に踏み出しましょう。

これは「フロントランジ」という運動です。ウェイトトレーニングのひとつですが、もちろんここでは、筋力トレーニングが目的ではありません。

この時、胴体が台形になって、内側に移動した大転子はそのままキープしておきます。

鼻とヘソのラインがズレていると、必ず着地したあとにぐらつきます。鏡を見なくても、このランジがスムーズにできるようになることが重要です。

また、後ろに伸びている脚の指先に注目してください。胴体が台形になって大転子が内側に入っていれば、親指が地面に着いているはずです。逆に、台形が崩れ大転子が外に出ていれば、小指が地面に着いているでしょう。

親指が地面に着いていれば、ウィンドラス機構を活用し、足のバネが生かされた走りになります。

小指が着いているようなら、足のバネをうまく使えず、足首のキックに頼らざるを得ない走りになるわけです。

ただし、台形が崩れていても親指が着くランナーもいます。その状態は、足首で無理矢理踏みスピネーションすることで、推進力につなげていることがほとんどです。

そうすると胴体との連動はなくなります。

まずは片側10回を2セットやってみましょう。

余計な筋活動を抑える

◉ランジウォーク

フロントランジの動きを左右交互に連続して行ない、前に進んでみましょう。

慣れてきたら、目をつぶってやってみてください。

目をつぶることで、鼻とヘソのラインがまっすぐな状態で立っているかがわかります。なぜなら、人間はバランスを保とうとするからです。バランスを崩した時、目からの情報が脳に伝達され、脳から筋肉に「倒れないように必要な筋肉を緊張させよ」という命令が出され、力を入れて倒れないように踏ん張ってしまいます。

しかし、目をつぶれば目からの情報はシャットアウトされます。鼻とヘソのラインが一直線になっていれば、踏ん張ることができないはずです。

目は、転倒しないようにするために大きな仕事を果たしますが、逆に考えると、目があるおかげで、体自体は非常にバランスが悪く踏ん張らなければならない状態でも、体を緊張させて立ち続けることができるのです。

そしてその緊張は、なかなか自覚することができないところが厄介なのです。

ですから、フロントランジとランジウォークは、ぜひ目をつぶってトライしてみましょう。

ランジウォークの動きを少しずつ小さくし、ウォーキングに応用してみましょう。大事なのは、ゆっくり行なうことです。

急いでしまうと、雑な動きになってしまいます。できれば目をつぶって、胴体の台形の動きに集中します。

大転子を手のひらで触りながら、少し内側に押しながら行なうとわかりやすいでしょう。

何回か歩いてみたら、普段のウォーキングと比べてみましょう。どこが動いていなかったのか、どこを意識するようになったのかなど、今までの歩き方との違いを感じてください。

フロントランジ

ランジウォーク

台形の動きを活用する

◉振り子のステップ

胴体の台形の動きを走りに応用するには、「振り子の動き」を身につけるとスムーズです。胴体を振ることで、脚は自ずと胴体の動きに連動します。**自らの意思で動かす必要はありません。胴体を振れば、脚は勝手についてきます。**

この動きに慣れたら、そのまま前に進んでいきます。足で地面を蹴る必要はないし、ヒザをわざわざ高く上げる必要もありません。ただ胴体を振りながら、胸を前に出し、少しだけ上体を前に倒せば進めます。

脚の力みが抜けたら、少しずつヒザを曲げることで、かなり走る動きに近づきます。ただし、この状態だと脚は横に振れているので、胴体の動きはそのまま、ヒザを少しだけ前に出しましょう。そうすれば、今まではなかった、胴体を活用する走りが体現できます。

胴体を振れば、連動して脚はついてくる

ブレーキ域接地時間を短縮する

◉スキップ

一般的なスキップでは、前ではなく上方向に飛ぶように教えられますが、ゼロベースランニングでは、ブレーキングをなくすためのドリルとして取り入れています。スキップは同じ脚で2回ステップします。重要なのは2回目の着地です。足裏で地面を擦る着地をしないようにしてください。

地面を擦らなければ、ブレーキ域接地時間を短縮できます。ポイントは2回目の着地点を体の真下よりもできるだけ後ろにすることです。

地面を擦っている場合、着地のポイントは体よりも前になっています。着地のポイントを後方に移動させるために重要なのが、胴体の動きです。

胴体の反りが出れば、離地のポイントが後方に移動するので、アクセルの要素が大きくなります。そうすると、スキップするごとに加速することができます。

写真上段の 2コマ目ではカカトから頭まで一直線だが、写真下段の 2コマ目では後傾になっている。3コマ目は下段の方が上体が遅れている

ブレーキングをなくすストライド

◉ラダートレーニング

一般的に、ラダートレーニングは「アジリティ（敏捷性《びんしょうせい》）」の向上を目的としますが、ゼロベースランニングでは、ブレーキングを取り除くためのものです。

等間隔に置いたラダーを、全速力で駆け抜けようとすると、少し足が詰まるようになるはずです。その状態でスピードをゆるめずに駆け抜けてみましょう。

今まで体の真下よりも前に振り出されていた脚が、ラダーの幅で制御され、強制的に体の真下に着地せざるを得ない状態になるはずです。

これがブレーキングを解除するためのストライドです。**脚を前に振り出す癖が深く身についていると、このドリルは窮屈に感じるはずです。**

しかし、何度も繰り返しやっていると、次第にブレーキがかからない着地位置に足を置けるようになってきます。

ラダーをクリアすることよりブレーキをかけないことに重点を置こう

胴体を使って脚を上げる

◉もも上げ

もも上げは、陸上競技をやっていた方には、おなじみのトレーニングのひとつです。ヒザを高く、そして素早く上げ下げすることが、このトレーニングの評価ポイントだったのではないでしょうか。

ももの上げ下げだけに着目するのではなく、胴体が台形に変形する動きが先行すれば、それに伴ってヒザは上がるし、下がります。胴体を意識せず、ももを上げ下げすれば、太ももの前後の筋肉に余計な力が入ります。**もも上げは、いかに太ももの前後の筋肉を使わないでできるかがポイントなのです。**

また、ヒザを高く上げようとするばかりに、背中が丸くなって、腰が落ちてしまっては元も子もありません。

そのためにも、まずは基本姿勢をしっかり身につけて行ないましょう。

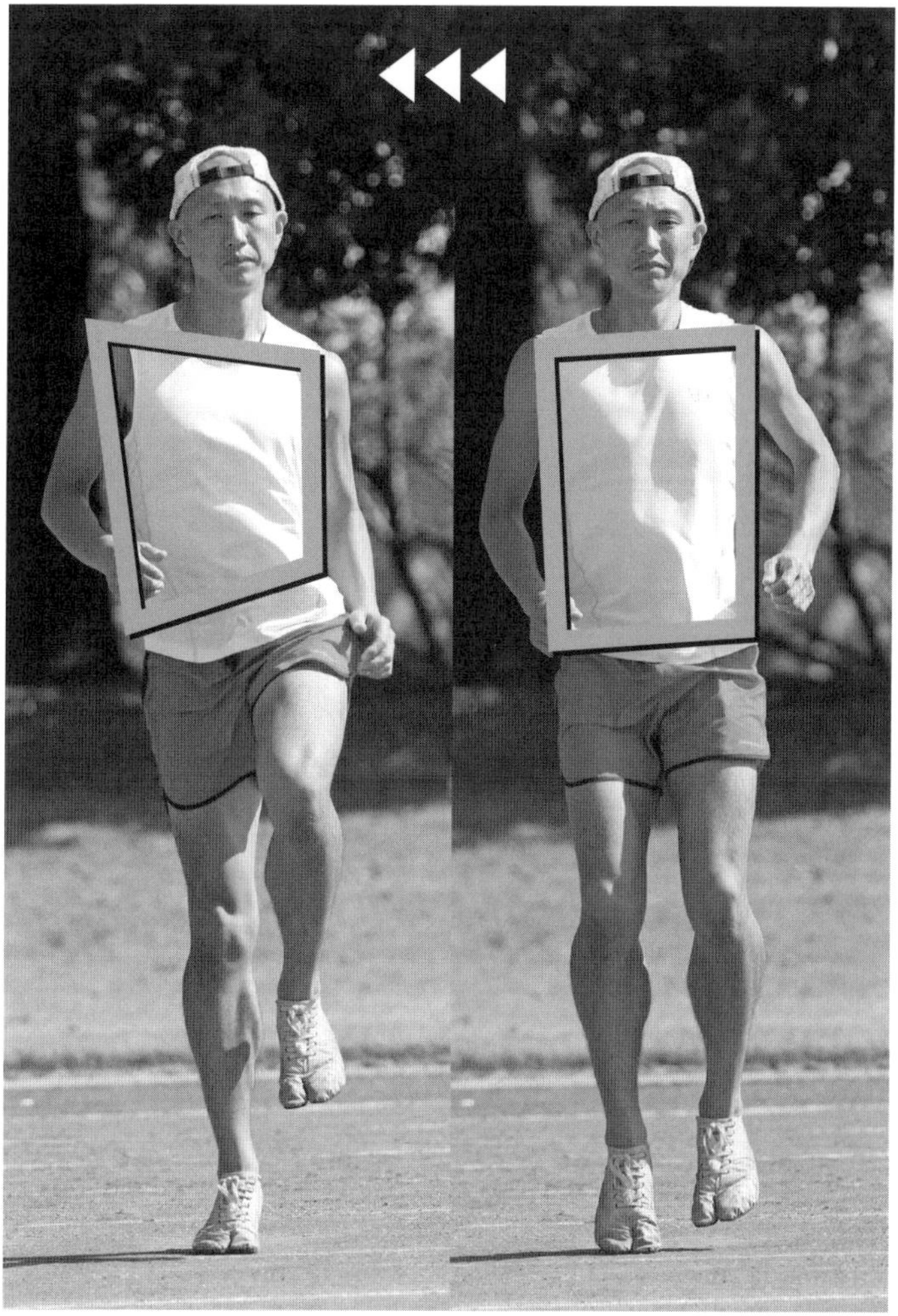

胴体を台形に変化させた結果、ももが上がる

胸を先行させて脚を動かす

●階段の前後ジャンプ

「飛んで登り、飛んで降りて」を繰り返すシンプルな練習です。ヒザの力みを抜いて重力を活用する、つま先で地面を蹴り込む癖を改善する、前進時の体軸を体に染み込ませる、などを習得することができます。

つま先で地面を蹴り込む癖がある人は、降りる時に、後方に飛び降りてしまいます。ヒザの力みが抜ければ足首も股関節もリラックスして、必要なタイミングで収縮することができるようになります。

段差でつまずかないようにという意識が働きすぎて、ずっと頭を下げて段差に目を奪われてしまわないように注意してください。

うまくできるようになれば、**足（脚）の力で飛び上がるのではなく、胸が前に引っ張られることで飛び上がる感覚が掴めるはずです。**

脚はリラックスした状態で、胸が先行する。目線をしっかり上げよう

腕を振らない

◉腕振り

胴体をカチッと固め、肩に力を入れて腕を前後に大きく振る。今でもこのような練習を行なっているランニングチームもあるのではないでしょうか？

ゼロベースランニングでは、腕は「振る」ものではなく「胴体の動きに連動して振られる」ものと考えています。ですから、腕だけを大きく振るような練習ではなく、胴体を動かすことで腕が動くドリルを行ないます。

脚を横に開いた状態でヒザを曲げます。その体勢から胴体を動かすことで、腕が連動します。右肩が後ろに引ければ、それに追従して右腕も後ろに引けて、逆に右肩が前に出れば右腕が前に出てきます。

右腕が前に出てくるタイミングで、右手の甲が右のお尻を叩くようにするとリズムが取りやすいので、試してみましょう。腕が鞭《むち》のようにしなる感じが掴めるはずです。

回旋する胴体に腕が巻きつくようなイメージ

軽い走りを身につける

◉ジェットコースターインターバル

脚部をうまく脱力させたまま、スピードに乗ったランニングを導くためのトレーニングです。

まずは、通常のインターバル走のように30mほど全力疾走します。その後、脚の回転は極力落とさないようにしながら、脚部の力を抜いて400〜600mほど走りましょう。

脚部の力を抜く替わりに、胴体で引っ張る意識をもってください。すると、脚部での蹴り込みが減り、重力を生かした軽い走りができるようになります。

つなぎはジョグかウォークで。呼吸が整ったら、同じことを繰り返していきます。スタートダッシュの時にあえて力んで走ると、後半の脱力感を感じやすいかもしれません。メリハリをつけてトライしてみましょう。

胴体を先行させてスピードを上げる

◉脱力ランからビルドアップ

ジェットコースターインターバルとは逆で、今度はビルドアップ（徐々にペースを上げていくこと）のトレーニングをしてみましょう。

スタートはスロージョグ、もしくは疲労抜きのジョグをイメージしてください。とにかく体全体をリラックスさせます。

そこから徐々にスピードを上げていきますが、脚部はリラックスしたままで胴体を先行させてスピードアップしていきます。スピードアップしていく過程で脚部に力みを感じてきたら、一度スロージョグに戻ってから再スタートします。スピードを上げ続けることが目的ではありません。

スピードを上げても脚部がリラックスできているかどうかがポイントですから、力んでしまったら何度でもやり直します。

第五章

ゼロベースランニングの極意

ゼロベースランニングＴＩＰＳ

ランニングの三大タブー

◉「踏みつける、蹴る、ひっかく」との決別

ランニングの基本はスクワットに凝縮されている、といわれたりします。スクワットをトレーニングに取り入れているランナーも多いことでしょう。

しかし、実際に走る動きと、スクワットの共通点を考えたことがあるでしょうか？

スクワットでは足を床にめり込ませる必要はありません。ジャンプする必要もありません。沈み込んだ自分の体を伸ばすだけです。

ところが、いざ走るとなると、アスファルトに足をめり込ませるように踏みつける。つま先を下に降ろすように蹴り出す。つま先で路面をひっかく。こんな動きをしていませんか？

スクワットをしながら前方にバランスを崩せば体は動き出します。不要な力を路面に加えようとすると、行き場をなくした力が足やヒザのひねりを生み出し、ゆがんだ

走りになります。

また、つま先を下げて蹴る動作や、後ろに泥を蹴り出すようにひっかく動作も、スクワットにはありません。

「踏みつける、蹴る、ひっかく」は効率的なランニングを行なうための三大タブーです。しかし、ほとんどのランナーは、この動作をなくすことができません。それでも、最小限に抑える努力は惜しまないでください。

「踏みつける、蹴る、ひっかく」をやめるには、なるべく軽い着地を心がけましょう。

リズムの取り方でも軽い着地は実現可能です。音楽を聴きながら足を上げたり下げたりしてリズムをとったことがありますか？

足を床に落とした時に「トン」とリズムをとっているとしたら、その逆をやってみましょう。いわゆるバックビートですね。足を上げるタイミングで「トン」とリズムをとるのです。

足を上げることに重きを置けば、自ずと着地は軽くなります。是非トライしてみてください。

筋肉をゆるめることの難しさ

◉まずは力を入れることから

我々は、いいえ、**我々大人は、体のいたるところに無駄な力を入れながら生活しています。**しかも、悪いことに、無意識に力を入れているのです。つまり、筋肉が「慢性的な緊張」に陥っているのです。**これは残念ながら、意識して改善できるレベルではありません。**

そもそも、生まれたばかりの頃には、無駄な力など入っていません。だから、赤ちゃんはもっとも効率のよい動き方ができるのです。

だんだん成長し、椅子に座って姿勢が悪くなったり、ケガをして、痛いところをかばったりしているうちに、本来入れなくていい力を入れ始め、いつの日か、力を入れている意識すらなくなり、筋肉に力が入ったままになってしまったのです。

これは、スポーツなどで「力み」と表現されるものとは違います。「力み」は自分でコントロールしてゆるめることができます。これも非常に難しいことではありますが……。

「慢性的な緊張」は本書で紹介したストレッチで少しずつ解消しますが、抜本的な改善には、かなりの時間が必要です。

では、日頃どんなことをしたらいいのでしょうか？

体をゆるめる前に重要なのは、萎縮した筋肉を意識できるようにすることです。そのためには、力を抜くより、入れる方が簡単です。

無意識に80の力が入っているとしたら、その筋肉を意識して100の力を入れてみてください。そして、力を抜くと80に戻るはずですが、筋肉は使っているうちにゆるむ性質があり、徐々に70、60と抜けてきます。0になるまで根気よく続けてください。

筋肉は使えば応えてくれます。

いつも同じ筋肉だけ使うのではなく、体の隅々まで使うことで、体はだんだん自在に動くようになってきます。

そして、使う時は使い、使わない時は抜くことができるようになるのです。

痛みをコントロールする

●胴体の動かし方で痛みは軽減する

ランニングによって生《しょう》じる様々な痛みは、実は胴体の動かし方で軽減もしくは消失させることができます。

もちろん、アキレス腱が切れたり、肉離れを起こしているような状態であれば安静が必要ですが……。

しかし、たとえば足底筋膜炎《そくていきんまくえん》や、アキレス腱炎、シンスプリント症状、鵞足炎《がそくえん》、腸《ちょう》脛靭帯炎《けいじんたいえん》などの症状なら、胴体の使い方で痛みをコントロールすることができます。

このような症状は、患部自体に問題があるわけではなく、全体の動きの流れが胴体の動きの偏りによって滞り、患部に負担をかけすぎている結果、起きているものです。

ですから、患部にずっと鍼《はり》を打ち続けても、なかなか改善しないのは当然のことなのです。

僕自身も、痛みが出ることはあります。先日トレイルを走った時、登りで左ヒザの内側に痛みが出て、ヒザを上げるのに違和感を抱くようになりました。左足を上げる時は、左の骨盤が上がって左の肩甲骨が下がる台形ができているはずですが、これがうまくできていなかったのが原因でした。

そこで、この台形の動きを意識して、ヒザではなく右の体側を伸ばし、左の骨盤から上げることで、左ヒザを上げる動作を心がけました。すると、痛みが出なくなったのです。

僕たちは、様々なストレスに囲まれて生きていますが、そのストレスによって胴体は固まってしまい、いつの間にか胴体の使い方に偏りが出てしまうのです。

痛みが出るのは悪いことではありません。痛みは体が発するサインです。そのサインを真摯《しんし》に受け止め、対応する。胴体の動きが変われば、痛みの原因だった動きの滞りが解消し、痛みというサインは出なくなります。

ダイナミックな動きを手に入れる

◉舗装路は避けた方がいい

動きの滞りという点で考えると、舗装してある道路を走ることに対しても、考えていただきたいことがあります。

一般的に、舗装路でのランニングは控えた方がいいという認識が広がっています。

僕も同じ考えです。ただし「なぜ舗装路がよくないのか？」という視点が違います。

一般的な「道路はあまり走らない方がいい」という認識の根拠は、「道路は硬いから」ではないでしょうか？

しかし、いくら道路が硬くても、人間の体には足を始めとした衝撃吸収システムがあります。

確かに、硬いところより柔らかい路面を走った方が、体にいいのかもしれません。

ただし、いつも芝生で走っていればケガをしないかといえば、そんなことはありません。

僕が考える「舗装路を走るのはできるだけ避けた方がいい理由」とは、動きが滞りやすくなるという点です。

具体的にいうと、たとえばアスファルトや陸上競技場のウレタン舗装などのグリップが効く路面を好むランナーは、地面をつま先で蹴り込む傾向にあります。つまり、内力を使いすぎるのです。

このようなランナーは、アスファルトやウレタン舗装の路面と比べると、滑ってしまうので、土などのグリップが効きにくい路面を嫌がります。グリップが効きにくい路面を走ると、脚が後ろに流れるように感じます。

「脚が前に出るタイミングが遅くなるから、脚を後ろに流してはいけない」と信じているランナーがいますが、脚が後ろに伸びればアクセル域接地時間が長くなり、前方への重心移動がスムーズになります。

このようなランナーが嫌がっているのは、脚が後ろに流れることによって、脚が前に出るタイミングが遅くなることではないでしょうか？

しかし、**脚が前に出る適切なタイミングは、脚でつくるものではなく、胴体の動きの結果です。**

グリップに頼る走りをすれば、胴体のしなやかな動きを手放すことになると同時に、走りのダイナミックさも失うことになります。

自分の弱点を知る

◉裸足で砂利道を走ってみる

つま先で地面を踏み込んでいるのかどうかは、砂浜を走ってみるとわかります。

砂浜を走る時、つま先で地面を踏み込めば砂を深く掘り込んでしまうので、足をとられてとても走りにくいはずです。

胸から前に出るように重心移動できれば、砂を深く掘り込む必要がありません。

砂浜の場合は「走りにくい」だけですみますが、もっと自分の走りを磨きたいランナーには、是非とも砂利の上を裸足で歩いたり、走ってみることをおすすめします。

砂利の上は歩くだけでも痛いでしょう。その時、あなたはどうやって前に進もうとしますか？

痛さを我慢して、そのままつま先で踏み込みながら歩く人はそうそういないはず。きっと、足は砂利の上に優しく置くだけで、できるだけ胴体を動かして前に進もうとするはずです。

僕もそうだったのですが、つま先の踏み込みが体に染みついていると、なかなかうまく修正できないものです。

砂浜で走ることで、自分の弱点を知ることができます。ただそれはあくまで「頭で知っている」だけです。それを「体に落とし込む」ために、**痛みというサインは最高のコーチとなります。**

僕は毎年5月に開催される「飯能ベアフットマラソン」に出場しています。これは、埼玉県飯能市のトレイルを裸足で走るというハーフマラソンの大会ですが、もちろんトレイルですから、木の根っこや石などがあるパートもあります（気持ちいいパートももちろんありますが）。

そのようなコースを裸足で走ることで、自分の走りがどうなっているのかを再確認するわけです。

しかし、もちろん僕も最初からうまく走れたわけではありません。初めて出場したレースでは、二度と走りたくないと思いました。順位も悪かったですし、足裏は腫れ上がって、歩くのもままならない状態でした。

「こんなレースは足によくない！　絶対によくない！」と思いましたが、もう一度走り方を見直して出場した2回目のレースは、初出場の時とは全く違う走りができ、優勝することができました。

そして、レース後も普通に歩けたのです。

3回目の出場となった2016年のレースでも優勝することができましたが、この時は2回目のレースよりもさらに足裏のダメージが軽くすみました。

確かに、このレースは修業なのかもしれません。しかし、**もっと自身の走りを磨きたいと考えるには、「何かをつけ加える」よりも「余計なものを削《そ》ぎ落とす」という視点も持っていただきたいと思います。**

そうすることで、あなたのランニングは、次のステージに上がることができるはずです。

マラソンレースに集中する

◉レースで注意すること

レース序盤は緊張や興奮もあって、いつものペース感覚が乱れることがあります。そんなに速いとは思っていなくても、オーバーペースで入ってしまうことがあります。最初の５㎞をプラン通りのペースで走れているか確認するために、時計を見てタイムをチェックするのはわかります。ただし、本来は時計を見なくてもプラン通りの走りができるのがベストです。

その感覚を磨くために日々トレーニングしているわけですが、時計を見るのがなぜよくないのでしょうか？

それは、集中力を欠いてしまうからです。

そもそも、なぜあなたが時計を見たくなるのか？　タイムをチェックしたくなるのか？　を考えてみましょう。

レースに集中するための方法は一通りではありませんが、もっとも手軽に、かつすぐにできる方法は「やらないこと」を判断することです。

レース中は、「気が散る」要素が絶えず襲いかかります。

タイムはその中のひとつで、目標タイムがあるのであればなおのことです。だからといって、タイムに気を取られてしまっては、集中力を欠いてしまいます。

時計を見るから集中力が欠けるという科学的根拠はありません。しかし、後半に失速するランナーの多くが、時計に気を取られすぎているという現実も存在します。そういうランナーが、時計との「適切な関係」を手に入れた時の変化には、毎回驚かされます。

そういう僕自身も、その変化に驚かされたひとりです。

中間地点をすぎ、25㎞地点に差しかかる頃、体が少し怠《だる》くなったり、動きにキレがなくなったり、変化が起こってきます。ただ、レースはここからが本番。

プラン通りのペースでリラックスして走っているつもりでも、いつの間にか動きは固まっているものです。25㎞で一度肩を強めに叩いたり、背伸びをしたり、胴体の動きを確認してみましょう。

首のつけ根を上に引っ張るようにすると、身長が伸びた感じになり、呼吸がしやすくなります。

また、体が少しずつキツくなってくると、残りの距離を気にしてしまいますが、集中力を欠いた走りにならないように注意しましょう。

呼吸のリズムと着地のリズムを合わせて、それが乱れないようにすることだけ意識します。それ以外に入り込もうとする意識は、シャットアウトするのです。

35㎞を通過する頃には、疲労のピークを迎えようとしているはずです。早くゴールしたい。こんな意識が、頭の中に割り込んでくるはずです。

あと7㎞と195ｍを残したこの状況で一番考えられるのが、足の着地点が重心より前に移動して、ブレーキ域接地時間が長くなっていることです。

人間、苦しくなれば止まりたい、ペースを落としたいと思うものです。そういう局面で体の動きは正直なもの。無意識にブレーキをかけるように、足の着地点が重心より前に移動するのです。

最後のこの区間は、胴体の反る動きと台形の動きに再度集中しましょう。そうすることでアクセル域着地時間が伸び、最後のひと踏ん張りが走りに生きてくるはずです。

そうすれば残りの7・195kmであと10秒、20秒は変わってきます。

残りの距離を意識するのではなく、自分の内面に集中するのです。その先に、歓喜のゴールが待っています。

着地と呼吸のリズムを合わせる

◉胴体の動きを生かして呼吸する

呼吸のリズムについては様々な情報があります。

「ふっふっ（呼気）、」「すっすっ（吸気）」のリズムが一般的かもしれません。もちろんこれでもいいのですが、ペースが変われば心拍数も変わります。それでも、「ふっふっ、すっすっ」のままだと、酸素と二酸化炭素の交換がうまくいかないことも多くなってきます。

ペースがゆっくりであれば「ふっふっふー、すっすっすー」の方が心拍数のリズムに合うでしょうし、ペースが上がれば「ふっすー、ふっすー」の方が心拍数のリズムに合うはずです。

ようは、決まったリズムでなくてもいいということです。それよりも、**まずは息を吐《は》くことを大事にしてください。**

息を吐き切れないと、新鮮な空気を充分に吸い込むことができません。心拍数が上がると、どうしても呼吸が速くなります。その際に意識が傾くのが吸気の方です。

それは、酸素を体内に少しでも速く、少しでも大量に吸引したいという体の欲求なのですが、息をうまく吐けないと、思うように空気が体内に入ってきません。だから余計に心拍数が上がって、もっと空気が欲しくなります。

こうなればもう負の連鎖。過呼吸は、この最《さい》たる例です。

まず、着地のタイミングと呼吸のリズムを合わせてみましょう。右足、左足が地面に着いた瞬間に、息を吐く、もしくは吸います。

着地のタイミングと呼吸のリズムを合わせることで、胴体の伸び縮みを生かして深く呼吸ができるようになります。

胸郭《きょうかく》には肺が収まっていますが、肺自体には筋肉がないので、横隔膜《おうかくまく》を活用して膨らませたりしぼませたりしながら呼吸しています。

息を吸う行為は、外肋間筋《がいろっかんきん》が肋骨を引き上げ、横隔膜が下方に膨らむことで、胸腔《きょうくう》内が陰圧《いんあつ》になり、空気が入ってくるという仕組みです。

息は口や喉で「吸う」のではなく、外肋間筋や横隔膜の動きによる胸腔内圧の変化によって「自ずと」入ってくるものなのです。

注射器をイメージしてみましょう。「押し子《おこ》」を引くことで筒先から液体が入り込みますよね？　押し子の先端部分が横隔膜だとイメージしてください。押し子が下方に移動すればするほど筒内の圧は下がり、ここに液体が「勝手に」流れ込みます。

では、押し子が下方に移動しなければ、どうなるでしょうか？

簡単です。筒先から入ってきません。

また、一度下方に移動した押し子を上方に戻しきらずに、再度下方に移動すれば、入り込む液体の量は少なくなります。

息を吐き切らなければ、新鮮な空気は入ってこないということです。

もうひとつ、気をつけたいのが、できるだけ鼻から吸って口から吐くことです。

特に吸気に関しては、心拍数が上がり余裕がなくなると、鼻ではなく口からになりがちです。

これはなぜかというと、まず入ってくる空気の「速さ」の問題です。

鼻から吸うのと口から吸うのでは、距離的に口からの方が肺に近いので、緊急時は口から吸気するわけです。

それと、もうひとつは「量」の問題です。

鼻の穴はふたつありますが、両方合わせても口ひとつと比べると通り抜ける空気の量は少ないのです。ですから、緊急時は大量に空気を通すことができる口からの呼吸になるのです。

本来、口は呼吸器ではなく消化器ですから、外気を体に取り込む際のフィルターを持っていません。フィルターがないと、雑菌や埃などが体内に侵入するのを防げません。普段から口からの呼吸をしている方は、鼻呼吸の方に比べて風邪をひきやすいといわれているのはこのためです。

また、口からの呼吸だと肩首周りの筋肉が緊張しやすくなるという弊害もあります。

もちろん、走るペースが上がれば、どうしても口からの呼吸になってしまいますが、その場合は、前述した注射器のように、横隔膜を下方に膨らませるイメージを持ちましょう。

ゼロベースランニングでは、胴体の動きで走りの推進力を生み出すのが基本です。

実はこの胴体の動きは、呼吸を助けることにもなるのです。

胴体を動かすトレーニングを積んでいけば、固まっていた胸郭がどんどん動き出します。

当然、前述した肺に空気を送り出すための外肋間筋や横隔膜もアクティブになってくるわけです。そうすれば、特に呼吸を意識しなくても、どんどん楽になってくるのです。

つまり、ゼロベースランニングは呼吸をしやすくする効果もあるのです。

自分自身と向き合う

◉気づきの重要性

あなたにはお気に入りのランニングコースはありますか？　お気に入りの大会はありますか？　景色の素晴らしいコース、沿道の応援やホスピタリティに定評がある大会など……。好きになる理由は様々だと思います。そういったところを気分よく走ることができるのも、ランニングの大きな魅力です。

「単調なコースや同じコースを何周もするのはつまらない」というランナーも多いですね。

しかし、風景などの自分の外的要因ではなく、自分の体や心、つまり内側に目を向ければ、どこを走っているかなんて気にならなくなります。

あなたはどんな走り方をしていますか？　足のどこで着地して、その後、どのように体重移動していますか？　足と腰の位置関係はどうですか？　胴体はどのように動いていますか？　いつ、どこで、どんな筋肉を使っていますか？

生まれて一年もすれば歩き出し、その後すぐに、誰にも教わらなくても走り出してしまったので、走ることについて細かく意識する必要は、今まではまったくなかったはずです。

しかし、大人になる過程、もしくは大人になってから、様々な環境で暮らしているうちに、いろいろな癖がついて、走り方も変わっているはずです。

まずは、いつものランニングで自分の走り方、体の使い方を自覚することから始めてみませんか？　もちろん、**いきなり全身をくまなく意識することはできません。ポイントは意識を集中する場所を絞ること。**

一番わかりやすいのは、足裏かもしれません。多くのランナーは自分の足裏がどのように路面と接しているかは把握していると思います。カカト、もしくは中足部や前足部の外側で着地して母趾球へ荷重移動する、という具合ですね。

では、着地のポイントを5㎜前に動かせますか？　できるとしたら、体のどこの使い方を変化させていますか？　また、違った体の使い方で5㎜動かすことはできますか？

「自分は自分の体のことを、思った通りに操れない」ということがよくわかるはずです。そこが始めの一歩です。

自分の体と向き合って走っていれば、どんなシチュエーションで走っていても、集中できるようになります。

そして、明確な意思を持って体を動かすことができるようになる部分が増えてくるはずです。

ゼロベースランニングでは、胴体の動きに重点を置いて解説しています。それは、多くのランナーが胴体を使いこなしていない、つまり胴体を意識できていないからです。

是非とも胴体の意識を強く持てるよう、自分の体と向き合ってみてください。

速い動きの中では動きを意識するのは難しくなります。スロージョグペースでも難しければ、ウォーキングでもいいでしょう。

動きを明確に感じたいなら、なるべく大袈裟に動いてみることです。たとえば、自分の意識では、走りながらヒザを５㎝深く曲げたつもりでも、実際には１㎝程度しか曲がっていないということは、多くの人が感じるはずです。ですから、実際に５㎝動かしたいなら、15㎝動かすくらいのイメージを持ってください。

自分のイメージと実際の動きのギャップを埋めるには、動画を撮影するのが効果的です。スマートフォンさえあれば、動画は手軽に撮影できる時代ですから、撮ったことのある方も多いと思います。

しかし、多くの方は普段の自分の最高（だと思われる）の走りを撮影して、それを分析しているのが現状だと思います。

「着地が前すぎだね」とか「脚が後ろに流れてるね」とか……。

自分の着地が前すぎるかな？　と思ったら、今度は後ろに着地する限界に挑戦して、撮影してみてください。

動画は、自分のイメージと実際の動きのギャップを埋めるために使ってこそ価値があります。

走りながら向き合えるのは、体だけではありません。自分の心とも向き合えるのがランニングのさらなる魅力でもあります。

走ると頭がすっきりする。考え方が広がる、いいアイディアが浮かぶ、ほかにもランニングは心の病にも効果があるのは、かなり知られた事実でもあります。

ランニングは体も心も健康にしてくれて、人生を豊かにしてくれるのです。

こんな素晴らしいランニングを長く続けるために、ゼロベースランニングをご活用ください。

第六章

ケガのないランニング人生へ

ゼロベースでケガを考える

重力との付き合い方を間違えばケガをする

◉痛みの原因を知る

足底筋膜炎、アキレス腱炎、シンスプリント、後脛骨筋腱炎、脛骨疲労骨折、腸脛靭帯炎、膝蓋《しつがい》靭帯炎、鵞足炎、鼠径部痛《そけいぶつう》、腰痛など。

このような症状に悩まされているランナーはものすごく多く、治療室にもたくさんいらっしゃいます。

では、ランナーはなぜこのような症状に悩まなければならないのでしょうか？

症状だけ挙げるといろいろありますが、僕の治療室では「症状」と向き合うようなことはしません。

向き合うべきは、症状を引き起こしている「原因」です。

いわゆる「患部」は、言葉の通り「患っている部位」です。しかし「患っている部位」に原因があるケースは、ほとんどありません。

ランニングにおけるケガの原因は、どこの部位であれ、重力という「外力」と、筋力という「内力」が喧嘩をすることで発生します。

たとえば、足底筋膜炎。その場で足踏みをしたり、歩いたりすると痛い。でも、壁に手を置いて同じ動きをすると、痛くない。これはどういうわけでしょうか？

それは、体がグラつくのを、筋肉を使って、倒れないように抑えつけようとするからです。

この場合、体がグラつくのであれば無理に頑張って立位姿勢を保とうとせずに、倒れてしまった方が、足底の痛みは出ないはずです。

重力という「外力」は、私たちの大きな味方にもなり得るし、逆に大きなリスクにもなるわけです。

重力とはつまり「自然」です。「自然」は、多くの感動を与えてくれます。四季折々の景色もそうですし、山から眺める風景も、森林の澄《す》んだ空気も、海の開放感も、最高のご褒美《ほうび》です。

しかし、いいことばかりが「自然」ではありません。地震、台風、大雨、津波などなど……。人類にとっては、不都合なこともまた「自然」です。

つまり、重力という「自然」そのものは、よいわけでも、悪いわけでもないのです。ようは、自分がどのように重力と向き合うか、ということ。

重力を敵に回すような走り方は、もちろん、体のどこかに余計な緊張が生まれます。しかも、その「余計な緊張」は、自分ではなかなか自覚しにくいのです。

僕が患者さんに「力抜いてくださいね」といっても、「先生、もう力抜いていますけど」といわれることがあります。自分自身では力を抜いているつもりでも、全然力が抜けていないわけです。

そうなると、重力を適切に受け入れることができなくなり、骨や筋肉、腱などは過度なストレスに見舞われ、その結果、痛みというサインで警告してくれるわけです。

股が割れていない

◉関節の捻れを防ぐ

ランニングにおけるケガの原因として、「オーバープロネーション」という足部の異常関節運動があります。

このオーバープロネーションは「ニーイン・トゥーアウト（NITO）」という、もうひとつの異常関節運動とセットになるケースが多いのです。これは、正面から見た時にヒザが内側に入り、つま先が外を向くことで、下腿《かたい》（脛骨《けいこつ》と腓骨《ひこつ》）が過度に外旋するという異常関節運動のことです。

実際に、ケガをしているランナーはランニング中にこのような異常関節運動になっていることが多いので、いかにこれを改善するか、ということになってきます。

改善するためには、まず原因を究明しなければなりません。

考えられる原因のひとつは、股が割れていないという点です。

ニーイン・トゥーアウトの場合、大腿《だいたい》と下腿の捻れが問題になります。この捻れは、大腿が外旋できてないことから誘発されます。最大荷重時に、大腿は内旋方向に、下腿は外旋方向に運動してしまうことで捻れが起こり、関連組織が損傷するわけです。

さらに、大腿が内旋方向、下腿が外旋方向に捻れながら、その末端の足部は内側に捻れます。これがオーバープロネーションです。

膝蓋靭帯炎というヒザのお皿の下に出てくる痛みを例に挙げてみましょう。

この症状の場合、着地して体重がかかった時に痛みが出る方もいらっしゃいますし、ヒザが上がって曲がった時に痛みが出る方もいらっしゃいます。

ただ、痛みが出るタイミングが違っても、改善するポイントは同じです。

まず、膝蓋靱帯は、太ももの前の筋肉（大腿四頭筋）がまとまり、膝蓋腱となって膝蓋骨（ヒザのお皿）を包んだあと、膝蓋靱帯として脛骨に付着します。

ですから、太ももの筋肉の延長と考えていただければ、わかりやすいと思います。

この大腿四頭筋から膝蓋靱帯までをひとつのユニットとして考えると、このユニットは大腿からヒザをまたいで下腿をつないでいます。

ということは、大腿－下腿が捻られれば直接ストレスを受けることになります。

このストレスが過剰になればヒザは壊れてしまいますが、脚はそうならないような仕組みを持っています。それが、靱帯です。ヒザがありえない方向に捻れないように、関節の動きを制御してくれているわけです。また、靱帯と共にヒザ周りの筋肉も、ヒザ関節の捻れを防いでくれます。

しかし、いくら靭帯とはいえ、ストレスが過剰になれば破綻してしまいます。

ただ、実は、膝蓋靱帯の痛みは、このヒザの捻れを防ごうとする筋肉の過度な収縮がもたらすケースがものすごく多いのです。

ですから、膝蓋靱帯炎では、ヒザ周りの筋緊張をマッサージなどで軽減させれば、一時的に痛みが改善することがあります。

しかし、ヒザの捻れは改善していないわけですから、すぐに緊張します。

体重をかけた時に痛みが出る方は、過度な捻れストレスによって直接的に靱帯に損傷を与えているためにヒザを上げた時に痛みが出る方は、その捻れストレスによって起こった筋緊張から、ヒザを曲げた時に膝蓋靱帯に伸長ストレスが加わるため、と考えられます。

オーバープロネーションとニーイン・トゥーアウトは、どちらが発端ということは一概にはいえません。ランナーそれぞれの骨格や性格が起因しますが、**股が割れていなければ、これらの異常関節運動の原因をつくってしまいます。**

股が割れて大腿が外旋できるようになると、大腿ー下腿での捻れは改善していきます。

捻れがなければ、過度な筋緊張は必要がなくなるので、痛みはなくなるのです。

関節運動のタイミングが悪い

◉足首のキックに頼っている

では、股が割れているとケガをしなくなるのかというと、改善するランナーもいますが、股は割れていてもケガをしてしまうランナーも現実にはいらっしゃいます。

その原因は、関節運動のタイミングの悪さにあります。

まず着地の局面では、脚全体は外旋方向に動きながら着地します。この時、つま先は外を向きますが、ここでひとつの問題が発生します。つま先が外を向くのは大腿が外旋した結果であるのに、大腿は外旋方向に動いておらず、むしろ内旋方向に動いているのに、つま先は外を向きながら着地してしまう、という問題です。

そうすれば、必ず大腿－下腿、下腿－足首で捻れが生じます。

なぜこのようなことが起きるのかというと、母趾球で地面を踏み込み、足首のキックに頼る癖があるからです。

このような癖、もしくは意識によって、関節運動の適切なタイミングが失われ、足先からの捻れが出ることで関連組織が損傷します。

ここでもひとつ、症例を挙げながら説明していきます。

後脛骨筋腱炎《こうけいこつきんけんえん》という症状があります。この症状では、内くるぶしのすぐ後ろから、脛骨内縁に痛みが出てきます。

後脛骨筋という筋肉は、脛骨の後面や腓骨の後面から始まります。イメージとしては、ふくらはぎの奥深くにあると考えてください。

そこから内くるぶしの後ろを通って、足の内側にある舟状骨《しゅうじょうこつ》を始め、足の裏の骨に着きます。

この筋肉には主に、足の内返し（足の裏を内側に向ける）しながらつま先を下げるという作用があります。

では、この筋肉が過度なストレスを受けるのはどういうケースかというと、つま先が外を向き、足裏の内側が潰れるような動きの時です。この際に過度な伸長ストレスを受け、そのストレスが過剰であれば、筋腱が損傷し、痛みが出ます。

つまり、母趾球に体重を乗せるタイミングが早すぎるのです。

母趾球に体重が載るタイミングは、大腿が内旋方向に動いた結果。大腿が内旋方向に動くのは、最大荷重のポイントをすぎたところから、というのが今の僕の考えです。大腿が内旋し、離地の直前に母趾球に体重が載ることによって、ウィンドラス機構も最高の仕事をすることができるのです。

適切なタイミングで、適切な関節運動になること。末端に力みが入れば入るほど、関節運動の適切なタイミングを失い、捻れが生じ、動きが滞ることになります。

そして究極的には、できるだけ地面を感じない方がよい走りができているといえます。地面を感じているということは、まだ内力（筋力）に頼っている証拠です。

シューズに頼りすぎる

◉脚は本来柔軟なもの

窮屈なシューズばかりを履いていたら、足が固まってしまい、本来持っている衝撃吸収機能が低下します。

足は、ランニングでは唯一地面に接触する部位です。できる限り足で衝撃を吸収したいのですが、この作業をシューズのクッションに任せてしまうと、足での衝撃吸収の必要性が低下します。

そうするとまず、走りが雑になります。

シューズのクッションに頼っていれば、自分で工夫して衝撃を吸収する必要がなくなります。

しかし、**シューズのクッションはあなたの足の代役を、完全には果たせてはいないのです。**

シューズを履いてケガをしたランナーこそが、その動かぬ証拠です。

シューズを履いてもケガを防ぐことはできません。いくらクッションが厚くても……。シューズのサポート力が増すほど、あなたの足は軟弱になっていきます。

ただし、シューズが悪いわけではありません。これは誤解しないでください。**シューズに頼りきるのが問題だということです。**

シューズのクッションに頼らない走りができれば、たとえシューズを履いていても、自分の足に衝撃吸収の一端を担わせることはできるはずです。

そうすれば今度は逆に、シューズの機能を存分に引き出すランニングができるはずです。

トップランナーも行なっている、裸足で走るトレーニングは、足を退化させないためにも必要なことです。

眠っている力を引き出す

◉裸足で走ることも工夫のひとつ

仮に、何度も交通事故を繰り返す親友がいたら、どんなアドバイスをしますか？

1　もう車に乗るのはやめたら？
2　ぶつかっても壊れないような車に乗ったら？
3　もう一度、教習所で運転技術を磨いたら？

僕だったら、3ですが、あなたはどうでしょうか？

1は、よく病院でいわれるアドバイス。「走るのはあなたの体に悪いから、もうやめた方がいいですよ」。でも、走るのが体に悪いのではなく、体に悪い走り方をするからケガをするのです。もし、あなたが走りたくないのなら、最高のアドバイスです。

2は、運転技術がよくないのは認めつつも、そこを改善するのではなく、車そのものを強化するという考え方。ランニングでいえば、体幹を強化しましょうとか、インソールを入れましょうとか、テーピングをしましょう、ハイスペックなシューズにしましょう、という対処方法です。

でも、冷静に考えればわかりますよね？　いくらモノを完全装備しても、壊れるものは壊れます。しかし、スピードを上げずにゆっくり慎重にぶつかれば、壊れないですむかもしれません。それで満足できるなら、の話ですが。

この先もケガをせずにずっと走り続けたいのであれば、便利なものとの距離の取り方が大事になってきます。

物が便利になればなるほど、人間は工夫しなくなります。裸足で走ったり、できる限りクッションの少ないシューズを使うのも、工夫のひとつ。**体には、まだまだ気づいていない力が眠っています。しかし、その力を引き出すためには工夫が必要です。**

その力を引き出すためのきっかけとして、ゼロベースランニングのメソッドが大きな役割を果たしてくれるはずです。

おわりに

僕のフルマラソンの自己ベストは2時間45分39秒です。しかも裸足で。しかし、中学3年の後半から大学までは、いわゆる陸上中長距離のメインストリームの中にいましたし、もちろん、シューズも履いていました。その僕がシューズを脱いで走り始めたのは、2010年の9月。それにはもちろん、大きな理由がありました。

中学の時は、記念すべき第1回全国中学校駅伝大会の1区を区間3位で走り、福岡の名門・大牟田《おおむた》高校に進学。しかし、ほとんど故障ばかりでした。ここで一度大きく挫折します。

劣等感が充満した高校生活を送ったあと、一浪し(ここも挫折といえば挫折)、箱根駅伝を走るために帝京大学に入学。関東インカレの1500mでは3回入賞したものの、最終学年でメンバー入りできそうだった箱根駅伝では、直前の練習でふくらはぎの肉離れを起こし、箱根路を走ることはかないませんでした。

山あり谷ありのランニング人生でした。今思い起こしても、この「谷」の部分の経験は、すごくつらい思い出ではあります。ただ、この負の経験は僕に大きなきっかけをくれました。この負の経験は、僕に治療家としての道を与えてくれたのです。

さて、選手としての立場ではなく、鍼灸マッサージ師として箱根駅伝を目指す学生と向き合うようになってからも、様々な「谷」が試練を与えてくれました。その中でも特に忘れられないのは、エースだった学生が直前の故障で箱根駅伝に出場できなかったことです。

僕がそうだったように、彼にとっても箱根駅伝は最大の目標。しかもエースである彼は、チームの中でも大きな役割を担っていましたし、調子も上向きで、本番を心待ちにしていました。

そんな中、最終合宿中の練習で故障してしまったのです。12月10日のチームエントリー日（補欠を含めた16人のメンバーを登録する日）の前日だったと記憶しています。

その時はまだ、本番まで3週間残っていたので回復するだろうと見込んでいましたが、なかなか治らない。ジョギングだけでもできれば、体力の低下を最小限に抑えられますが、それすらもできない毎日が続き、12月29日の区間エントリーを迎えます。しかし、とうとう彼は間に合いませんでした。

この日、選手のケアが終わり帰り支度をしていると、彼は治療室に申し訳なさそうに入ってきて「悔しいです」と、何度も繰り返しながら泣いていました。僕も、この学生のために何もしてあげられなかった不甲斐《ふがい》なさと、過去の自分の悔しさが重なり、一緒に泣いていました。

つらい思い出ですが、この出来事は僕に大きなきっかけを与えてくれました。**ランニングによる故障は、ベッド上の治療だけではダメだと考えるようになったのです。**

彼だけでなく、故障が治っても、またすぐ故障して治療に戻ってくるような学生もいたので、これはもう、根本的に走り方を見直さなければならない、走り方が変わるような「何か」に取り組まなければならない、そんなことをずっと考えながら現場で彼らと向き合うようになりました。

◆——裸足ランニングとの出会い

そんなある日、知り合いから『BORN TO RUN　走るために生まれた　ウルトラランナーVS人類最強の〝走る民族〟』（NHK出版）という本を教えてもらい、すぐに読み始めました。そして、シューズはケガを減らしてくれるどころか、増やしているという、ナイキのエピソードのあたりで、もういてもたってもいられず、裸足で走り始めたのです。

これだ！　と思いました。故障を繰り返すランナーに必要なのは、裸足で走ることだ！　と。

実は、僕が通っていた熊本の小学校は、校舎の中も校庭も、裸足で生活することができたのです。校舎の中で上履きを履く子はゼロ。校庭も裸足で走りまくっていて、下駄箱横の足洗い場でバシャバシャっと足を洗い、入口に備えつけてあるマットでザザっと足を拭いて教室に入る。そんな環境でした。

もちろん、運動会なんて、ずっと裸足。女子の中にはシューズを履いている生徒もいましたが、リレーの選手はみんな裸足。なぜなら、シューズを履くと遅くなるから。リレーで選手になるような生徒たちは、みんなそう信じていました。

そんな環境で育ったからか、裸足で走ることに特別な抵抗感はありませんでした。

むしろ、シューズに守られていたのでは、自分の弱点が見えなくなるし、人間本来の走りなんてわかるはずがない、という思いの方が強かったです。

それからは、裸足で走ることに没頭しました。最初はジョギングで少しずつ慣らして。今でこそそんなことはなくなりましたが、陸上競技場のトラックをゆっくりジョギングするだけでも、最初は足の裏の皮がむけたりしていましたから、相当雑な走りだったのでしょう。

それから少しずつ、シューズを履いていた時と同じように、４００ｍや１０００ｍのインターバルを始めました。タイムも、たとえば４００ｍだったら70秒とか、１０００ｍだったら3分だったり。もっと筋肉痛が出るものだと思っていたので、意外に足へのダメージが小さかったのにはびっくりしました。

競技場でのインターバルは問題なくできるようになってきましたが、ロードになると、路面の凸凹に気を取られながら、少し窮屈に走っていました。

そして僕は、大きな課題に直面しました。職場の近くの道路をジョギング中のこと。その時は、ペースを上げるということもなく、ゆっくり走っていたのに、なぜか左のふくらはぎがすごく張ってきたのです。「おかしいなぁ」と思いつつ、そのまま走っていてたら、急に左ふくらはぎにピリッとした痛みが走りました。

懐かしくも忌々しい、あの、箱根駅伝の直前で起きた肉離れと同じ症状でした。その日は無理をせず、歩きながらトレーニングを終えました。そして次の日、ストレッチをしても痛くなかったので「何だ、昨日のは気のせいだったのかな？」と、また走り出したら、今度は前日よりも強い痛みが……。

無理をしてはダメだなと思い、1週間ほど休みました。だいぶ症状も改善したので、またゆっくりとしたペースのジョギングから始めたのです。もちろん裸足で。すると、何と今度は、反対の右ふくらはぎに同じ症状が出たのです。正直、信じられませんでした。

仕方がないので、また1週間程休んで、ストレッチをしても痛みが出なくなってから走り始めました。なんと、今度はまた左のふくらはぎに痛みが……。

もう、何が何だかわからなくなりました。何で？

本当は、裸足ってよくないのかな？　そう思ったことは一度や二度ではありません。以降半年間、ふくらはぎの肉離れを左右3往復も繰り返してしまいました。

◆――ゼロベースランニングへのきっかけ

しかし、このことがあって僕は気づくことができました。裸足で走ることが、そのまま自動的にランナーの故障を改善するのではなく（もしかしたらそういう場合もあるのかもしれませんが）、**裸足で走るメリットのひとつは、人間としてあるべき体の使い方ができているのかどうかを、身をもって知ることができるということ。**

僕はこのサインを元に、できるだけふくらはぎから目を離し、考えないようにしました。それでもやっぱり、痛みが出る度に心は折れそうになります。でもその度に、ふくらはぎに問題があるから起きているのではないはず。この症状の根源は、ふくらはぎではないほかのどこかにあるはずだ、と信じてシューズを履かずに、トライを重ねました。

そして、僕の仮説は的中しました。ふくらはぎの肉離れループに、3往復目で終止符を打つことができたのです。最初は恐る恐るでしたが、3日走っても、2週間走っても痛みが出てこない。僕に足りなかったのは、これだったのだ！　飛び跳ねて喜びました。

それと同時に、僕がこのケガで気づいたある動きは、ふくらはぎだけでなく、ランニング傷害全般の解決策としても必須であると仮定し、治療の現場で応用すると、患部を触ることなく痛みが改善する症例がほとんどであることがわかりました。

このふくらはぎの肉離れから気づいたことは、胴体を使って走ること。

胴体の動きと四肢の動きの関係をリノベーションすることです。これができていなかったから、何度も何度も肉離れを繰り返すことになったのでしょう。

この動きを身につけてからは、ケガを改善するだけではなく、パフォーマンスアップという面でも大きな成果を上げることができました。

2010年9月から裸足で走り始め、紆余曲折《うよきょくせつ》ありながらも「胴体を使って走る」ということに気づき、トレーニングを積み重ねて出た2012年の東京マラソンは、2時間50分21秒。初めてのサブスリーは、「ビブラム・ファイブフィンガーズ」という五本指のシューズを履いてレースに出場しましたが、後半のペースダウンはほとんどなく、歓喜のゴールを迎えることができました！

そして、迎えた2012年の湘南国際マラソンにて、裸足で2時間45分39秒でゴールできたわけです。

シューズに頼っていた頃には考えられなかったタイムを出すことができたのは、ふくらはぎの肉離れ3往復という「大失敗」から学んだ胴体の使い方を身につけたから。**ランニングにおけるケガの改善とパフォーマンスアップは、同一線上にあることを確信しました。**

僕たち人間は、二足で立ち、歩き、走ることができます。これは僕たちにとって「自然」なことです。それと同じように、僕たちの体の機能にも「自然」があります。

たとえば、足には、シューズを履かずとも衝撃吸収する機能がそもそも備わっていることも「自然」です。本書の随所に出てくる「胴体」を使うことも、人間のランニングにおける「自然」です。その、**僕たちにそもそも備わっている「自然」と、僕たちが住むこの地球の重力という「自然」を調和させること、これが本書であなたにお伝えしたい「ゼロベースランニング」です。**

ナチュラルランニングという概念は、先に挙げた『BORN TO RUN 走るために生まれた ウルトラランナーVS人類最強の〝走る民族〟』の爆発的ヒットで一気に日本に広がりましたが、残念ながら、ただ単に知識として広がっただけで、その真意が浸透したわけではありませんでした。なぜなら、多くの人が裸足や裸足感覚のシューズを履いて走ることで、人間の「自然」を取り戻そうとしましたが、現代を生きる僕たちの体と動きは、もう「自然」な状態には程遠く、多くの人が「自然」の厳しさに叩きのめされ、そして結局「自然」は体によくない、難しい、私には向かないと「自然」を否定し始めました。

しかし、僕たちの体の中に「自然」は、必ず残っています。40歳になると足の骨が半分に減るなんてことはないでしょう？　50歳になると背骨の数が減るということもありません。

ただ単に、あるべき姿を放ったらかしにしてたせいで、使い方がわからなくなっているだけなのです。だからもう一度、ゼロベースであなたのランニングを再考していただきたくて、本書の執筆を始めました。

もうこれ以上、大切なレースに出ることなく悔し涙を流すランナーを見たくないですし、大切なレースを冴《さ》えない顔でゴールするランナーも見たくないのです。せっかく走るなら、気持ちよく、スピードに乗って、笑顔でゴールする。こうありたいですよね。

本書は、一般的なランニングの常識に依存していません。

着地がどうとか、腕振りがどうとか、そういう枝葉を論じてはいないし、筋力トレーニングを推奨するものでもありません。

もちろん、月間走行距離のこと取り挙げてもいません。かといって、革新的なテクニカルの話をしたわけでもありません。現代を生きる僕たちが忘れているような、人間が本来持つ機能や動きに再度気づいていただくための指南書です。
本書が、あなたが人間として「自然」なランニングを身につけていただくきっかけになり、そして最高のパフォーマンスを発揮する足がかりになれば、こんなにうれしいことはありません。

最後になりましたが、本書を出版するにあたり、Ｅｐｒｅｓｓの高橋達夫さん、実業之日本社の神野哲也さんには、大変お世話になりました。ふたりともランナーということもあり、サポートをしていただきました。おふたりの協力がなければ、本書の内容はまだ僕の頭の中に納まったまま、多くのランナーに伝えることができなかったでしょう。

高岡尚司 Shoji TAKAOKA

1978年生まれ。福岡県大牟田高校から帝京大学へ進学。関東学生陸上競技対抗選手権大会などで活躍。ケガを経験し選手の道をあきらめ、トレーナー、鍼灸・あん摩マッサージ指圧師として活動していく中で行き着いたのが現在のランニングメソッド「ゼロベースランニング」。裸足感覚のシューズをつくれないかという想いから足袋メーカー・きねや足袋と「MUTEKI」を共同開発。2014年からベアフット（裸足）感覚を追求した「ALTRA」のアンバサダーに就任。現在は、自身が提唱する「ゼロベースランニング」の普及と、オリンピックで活躍するランナーを育てるプロジェクトに参画し、コーチとしても活動している。2012湘南国際マラソン2時間45分39秒（裸足フルマラソン日本最高）。

走《はし》りの常識《じょうしき》を変《か》える！　フォームをリセットする！
ゼロベースランニング

2016年12月12日　初版第1刷発行

著者　高岡尚司《たかおかしょうじ》
発行者　岩野裕一
発行所　株式会社実業之日本社
〒153-0044　東京都目黒区大橋1-5-1　クロスエアタワー8階
編集部 03(6809)0452　**販売部** 03(6809)0495
http://www.j-n.co.jp/
小社のプライバシー・ポリシーは上記ホームページをご覧ください。

印刷　大日本印刷株式会社
製本所　株式会社ブックアート

ISBN978-4-408-45615-7（第一スポーツ）